中等职业教育旅游类示范院校"十四五"规划教材

总主编 ◎ 叶娅丽

景区讲解技巧

Jingqu Jiangjie Jiqiao

主　编 ◎ 庄剑梅
副主编 ◎ 王代鹃　冉　静　薛春霞
参　编 ◎ 曾　真　李　媛

华中科技大学出版社
http://www.hustp.com
中国·武汉

内容简介

"景区讲解技巧"是中职旅游服务与管理专业的核心技能课程,对于提高学生的综合技能技巧具有重要作用。本书主要由导游词撰写技巧、景区讲解的语言技巧、自然景观类讲解技巧、人文景观类讲解技巧、讲解风格的选择技巧五个项目组成。帮助中等职业学校旅游管理专业学生完成景点的讲解词撰写以及讲解方法和技巧的选择,侧重于讲解技巧的把握。

本书可作为中职旅游服务与管理专业、景区服务与管理专业的配套教材,可以与《旅游概论》《中国旅游地理》《餐饮服务与管理》等教材配套使用,能够指导学生的课内、课外实训,同时还适用于旅行社、景区从业人员的入职培训及岗位服务培训。

图书在版编目(CIP)数据

景区讲解技巧/庄剑梅主编.—武汉:华中科技大学出版社,2020.4(2021.1 重印)
中等职业教育旅游类示范院校"十四五"规划教材
ISBN 978-7-5680-6107-0

Ⅰ.①景… Ⅱ.①庄… Ⅲ.①风景区-讲解工作-中等专业学校-教材 Ⅳ.①F590.633

中国版本图书馆 CIP 数据核字(2020)第 063066 号

景区讲解技巧　　　　　　　　　　　　　　　　　　　　　　　　庄剑梅　主编
Jingqu Jiangjie Jiqiao

策划编辑:胡弘扬　李　欢
责任编辑:李家乐
封面设计:原色设计
责任校对:张会军
责任监印:周治超

出版发行:华中科技大学出版社(中国·武汉)　　电话:(027)81321913
　　　　　武汉市东湖新技术开发区华工科技园　　邮编:430223
录　　排:华中科技大学惠友文印中心
印　　刷:武汉科源印刷设计有限公司
开　　本:787mm×1092mm　1/16
印　　张:9.5
字　　数:220 千字
版　　次:2021 年 1 月第 1 版第 2 次印刷
定　　价:39.80 元

本书若有印装质量问题,请向出版社营销中心调换
全国免费服务热线:400-6679-118　竭诚为您服务
版权所有　侵权必究

中等职业教育旅游类示范院校"十四五"规划教材丛书

编委会

▶ **总主编**

叶娅丽　成都纺织高等专科学校教授
　　　　成都旅游导游协会副会长
　　　　四川教育学会研学实践专业委员会学术专委会秘书长

▶ **编　委**（排名不分先后）

庄剑梅　成都工程职业技术学校
张　力　成都市礼仪职业中学
徐永志　成都电子信息学校
刘　燕　成都电子信息学校
李玉梅　成都电子信息学校
廖　蓉　成都市蜀兴职业中学
吴志明　四川省会理现代职业技术学校
周　艳　四川省阆中师范学校
李　桢　四川省宜宾市职业技术学校
汪远芳　四川省三台县刘营职业高级中学校
刘斯瑗　富顺职业技术学校
任　英　四川省峨眉山市职业技术学校
黄克友　青川县职业高级中学
王惠全　四川省广元市职业高级中学校
王叔杰　四川省南江县小河职业中学
林　玲　四川省工业贸易学校
舒小朵　成都天府新区职业学校

总序

2019年2月13日，国务院发布了《国家职业教育改革实施方案》，明确指出，坚持以习近平新时代中国特色社会主义思想为指导，把职业教育摆在教育改革创新和经济社会发展中更加突出的位置。优化教育结构，把发展中等职业教育作为普及高中阶段教育和建设中国特色职业教育体系的重要基础。建设一大批校企"双元"合作开发的国家规划教材，倡导使用新型活页式、工作手册式教材并配套开发信息化资源。为了落实《国家职业教育改革实施方案》意见，打造"以职业能力目标为导向，构建基于工作体系的中职课程体系"，华中科技大学出版社组织编写了中等职业教育旅游类示范院校"十四五"规划教材。该套教材具有以下几个特点。

1. 理念先行，调研在前

本着务实的态度，我们在编写前对全国百余所中职旅游类学校进行了问卷调研，了解各校的专业建设、课程开发及教材使用等情况；举办了中职旅游类教材建设研讨会，对每本大纲进行了研讨和修改，保证了本套教材体例和内容的一致性；采访了中职旅游类专业负责人、一线教师和用人单位，了解了中职教育的现状和存在的问题，明确了教材编写的要求。在经过充分调研的基础上，汇聚一大批全国高水平旅游院校学科带头人，合力编写了该套教材。

2. 定位准确，强调职教

职业教育的目的是培养应用型人才和具有一定文化水平和专业知识技能的劳动者，与普通教育相比较，职业教育侧重于实践技能和实际工作能力的培养。本套教材没有盲目照搬普通教育模式，而是根据旅游职教模式自身的特点，突出了旅游工作岗位的实践技能和实际工作能力的培养。

3. 立足中职，衔接高职

2014年国务院颁布了《关于加快发展现代职业教育的决定》，明确指出，建立健全课程衔接体系。推进中等和高等职业教育培养目标、专业设置、教学过程等方面的衔接，形成对接紧密、特色鲜明、动态调整的职业教育课程体系。高等职业学校重点是培养服务区域发展的高素质技术技能人才，而本套教材是按照中等职业教育的要求，强化了文化素养，围绕培养德智体美全面发展的高素质劳动者和技能型人才来编写的，重点培养旅游行业的高素质劳动者和技能型人才。

4. 对接企业岗位,实用性强

该套教材按照职业教育"课程对接岗位"的要求,优化了教材体系。针对旅游企业的不同岗位,出版了不同的课程教材,如针对景区讲解员岗位出版了《景区讲解技巧》《四川景区讲解技巧实训》等教材;针对旅行社导游出版了《导游基础知识》《导游实务》等教材;针对前厅服务员出版了《前厅服务实训》《旅游服务礼仪》等教材,保证了课程与岗位的对接,符合旅游职业教育的要求。

5. 资源配备,搭建教学资源平台

该套教材以建设教学资源数据库为核心,每本书配有图文并茂的课件,习题及参考答案,考题及参考答案,便于教师参考,学生练习和巩固所学知识。

叶娅丽
2020 年 3 月 10 日

前言

"景区讲解技巧"是中职旅游服务与管理专业的核心技能课程,对于提高学生的综合技能技巧具有重要作用。当前我国经济高速发展,旅游市场高度繁荣,旅游业高度发展,需要具备讲解技能的相关工作岗位越来越多,所以讲解技能成为中等职业学校学生就业和升学的重要技能。

2014年教育部颁布的《中等职业学校旅游服务与管理专业教学标准(试行)》,已将"讲解技能"列为核心技能课程,学好这门课程对于从事旅游行业相关工作具有重要意义。

为了使教材更好地贴近学生的实际,适应中职学校教学特点,编写组参考了国内出版的相近教材,进行了反复调研,确定教材编写的主要思路是:①按分项目和任务引领模式编写,以从事景区讲解工作必备的岗位知识和技能为重点,突出案例教学,争取达到实用、适用、够用、好用的目的。②本书是一线的中职教师编写的,所以应体现当前中职学生最需要突破的讲解技巧问题,具有针对性强这一特性。③教材各章由"项目目标""知识框架""教学重难点""教学难点""项目导入""任务引入""任务剖析""任务实施""任务拓展"等内容构成,将理论知识与技能实训融合、教师讲授与学生训练融合,体现职业教育"做中学、做中教"的教学理论,注重专业课程内容与职业标准的有机对接。不过,由于水平有限,现在呈现给大家的这本教材不一定能完全达到上述目的,恳请使用本教材的专家同行们提出宝贵意见,以便不断修订完善。

本书由庄剑梅主编,庄剑梅负责教材的统稿和校正。参加教材编撰工作的还有成都市工程职业技术学校的王代鹍(项目二)、薛春霞(项目三)、李媛(项目四)老师,以及成都电子信息学校的冉静(项目一)、曾真(项目五)老师。

编者

2020年1月

目录

项目一　导游词撰写技巧　1

　　任务一　对口高职考试导游词撰写技巧 /2
　　任务二　导游资格考试导游词撰写技巧 /11
　　任务三　导游大赛导游词撰写技巧 /15

项目二　景区讲解的语言技巧　22

　　任务一　无声语言运用技巧 /24
　　任务二　有声语言运用技巧 /36

项目三　自然景观类讲解技巧　45

　　任务一　地文景观讲解技巧 /47
　　任务二　水体景观讲解技巧 /61
　　任务三　生物景观讲解技巧 /74

项目四　人文景观类讲解技巧　88

　　任务一　建筑工程类 /89

任务二 古镇古城类 /102
任务三 宗教民俗类 /105
任务四 旅游商品类 /114

118 **项目五 讲解风格的选择技巧**

任务一 不同对象讲解风格的选择技巧 /120
任务二 讲解者风格 /128

138 **参考文献**

项目一
导游词撰写技巧

📖 项目目标

职业知识目标：
1. 认知导游词撰写技巧是导游讲解训练中最基础、最核心的部分。
2. 了解导游词撰写的相关技巧。

职业能力目标：
1. 自主学习能力。
2. 计划能力，完成预期任务的能力。
3. 获取景点知识的能力，能灵活运用所掌握的知识，融会贯通，自觉转化为较高水平的导游词撰写能力。

职业素养目标：
1. 良好的职业道德和敬业精神。
2. 团队意识、合作能力。
3. 与游客沟通的能力，能够根据游客的文化层次、年龄结构、职业差异等不同而撰写不同的导游词。

知识框架

教学重点

1. 获取景点知识的能力。
2. 将知识转化为撰写导游词素材。
3. 根据不同比赛类型的要求撰写导游词。

教学难点

导游词撰写　导游大赛

项目导入

小李是一名中职旅游专业的学生,性格开朗活泼,热情大方,对新事物总抱有好奇心。她的梦想是成为一名职业导游,同时她也懂得"罗马城不是一天建成的",要实现自己的梦想必须从现在开始努力。她给自己制定了近期的发展规划:参加对口高职导游考试升入大学,通过导游资格考试考取导游证,同时参加各种导游讲解比赛提升自己的综合能力。本项目内容重点突出导游词的撰写技巧,设置了中文导游词撰写技巧中的三大任务:对口高职考试导游词撰写技巧、导游资格考试导游词撰写技巧、导游大赛导游词撰写技巧。

任务一　对口高职考试导游词撰写技巧

任务引入

四川某中职旅游专业高三学生将于开学第二周以班为单位开展一次专业学习探讨会,旅游教研组要求学生搜集并整理四川省普通高校职教师资班和高职班对口招生职业技能考试大纲(旅游服务一类)中关于技能操作(应知)——导游服务考试项目考试内容、评分标准、讲解景区著名景点、导游词的语言表达等方面资料,进行主题发言。

任务剖析

一、对口高职考试导游词概念界定

对口高职考试导游词是指按照《四川省普通高校职教师资班和高职班对口招生职业技能考试大纲》(旅游服务一类)中规定景区范围内的景点导游词。考生在九寨沟、都江堰、峨眉山、阆中古城四个景区中现场抽取其一进行景点讲解。要求考生使用普通话讲解，口齿清晰，语调自然，音量和语速适中，节奏合理；语言准确、规范；表达流畅、条理清晰；具有生动性和趣味性；景点信息准确，要点明确，无知识性错误；结构合理，层次分明，详略得当，主题突出；内容健康，与时俱进，具有一定的文化内涵和创新性；能使用恰当的导游讲解方法，讲解通俗易懂，富有感染力、亲和力和良好的沟通能力；体态自然，表情、动作、姿态运用恰当；时间不超过5分钟。

二、导游词的选材立意

在模拟口试中，景点导游词最重要的一点，就是要惜时如金，立竿见影：其一，要做到开门见山，直奔主题；其二，要点面结合，重点突出；其三，对重点阐释部分，既要言之有物、言之有效，又要言之有据、言之有理；其四，题材的选择越具体越好。准确地说，创作一篇好的导游词至少必须做到：选点有厚度、立意有深度。

(一)选点有厚度

应试性景点导游词要求考生要具体到一个聚焦点。第一，讲解空间范围在可视之内。比如武侯祠是一个景点(见图1-1)，但这是一个一眼望不到尽头的景区，游客视界仅在可视范围内有一个直观景点。假如选择的讲解点不是眼前这个直观点，而是去讲解不直观的景区，讲解词就很空泛，只能让游客插上想象的翅膀，假设自己从空中俯瞰全武侯祠，于是，在讲解内容上就显得处处空泛。第二，讲解内容可以深入挖掘，这实际上是指选点要选文化底蕴深厚的景点。这有两层含义：一方面告诫考生选人文题材，回避自然题材；另一方面又提示考生选择人文题材中人所不知，或知之不详，或详而不解的。文化底蕴的深厚有许多表现点，外观上看是古建、碑刻、楹联、匾额、钟鼎，但其内在涵盖了历史事件、名人佳话，比如"三绝碑"，既有三国文汇，又有中唐治蜀，所谓汉唐盛世，即使这块碑是它们的一个后续，也仍然能看到书法艺术、石刻艺术的精湛，而文化的内核所表现的思想，其体裁的精妙，以及关联的人物影响深远，一块碑就不能像普通石头那样等闲视之了。简而言之，选点除了"小"外，还要具备以小见大的厚度。

图 1-1 武侯祠

(二) 立意有深度

立意就是要提炼主题,就是要对搜集的素材进行去伪存真、去粗取精以及由表及里的梳理与提炼,然后确定一个主题。主题是一篇导游词的灵魂与主线,有主题就可围绕主题来选择材料,即只选取与主题有内在联系、能突出与表现主题的材料,对于与主题没有内在联系的应毫不吝惜地删去;主题可放在开头、正文、结尾,以开头与结尾居多。例如《杭州灵隐寺》的结尾。

各位朋友,游玩整个灵隐寺后,你会发现灵隐寺的造园艺术,归结为一个"隐"字。一般的寺庙,前面往往比较开阔,以炫耀法门的气派。而灵隐寺却处处在群峰环抱的峡谷中,雄伟的北高峰作为大寺的靠山,嶙峋的飞来峰成了秀美的前屏,一泓清泉流贯寺前,使得"灵山、灵峰、灵泉、灵鹫、灵隐"浑然天成,使人恍如置身于仙灵之地。难怪平生酷爱山水的宋代诗人苏东坡游灵隐寺之后,吟咏出"最爱灵隐飞来孤"之句。各位朋友,你们觉得如何呢?

三、导游词的谋篇布局

谋篇布局是指导游词写作的构思阶段,就是围绕主题,对梳理加工过的材料,按一定的逻辑顺序,进行排列与组合,然后用恰当的语言表现出来。谋篇布局从大的结构框架来看,主要由开头、正文、结尾三大部分构成。元代散曲家乔梦符:"作乐府亦有法,曰凤头、猪肚、豹尾六字是也。大概起要美丽、中要浩荡、结要响亮。"导游词与一般文章做法一样,也应该做到凤头、猪肚、豹尾。

(一) 凤头:起要美丽

俗话说,良好的开端是成功的一半。导游应特别注重第一印象。因为导游与游客相处的时间较为短暂,游客多以第一印象来判断导游的整体素质与水平。第一印象除了衣着打扮、仪表仪态外,言谈举止也格外重要。所谓文如其人、声如其人是也。一个好的开头要做到亲切、热情、新颖。开头的方式很多,主要有介绍式开头、故事式开头、朗诵式开头、猜谜式开头和投其所好式开头等。

1. 介绍式开头

这是一种常用的开头方式,特点是较为全面地介绍各方面情况,使游客尽快知晓。比如:"各位来宾,大家好!首先请允许我代表××旅行社向前来成都参观游览的各位表示热烈的欢迎,并预祝各位乘兴而来,满意而归。我先自我介绍一下,我姓×,名××,大家可以叫我×导,接下来我把成都的概况向大家介绍一下……"

2. 故事式开头

故事能吸引人们的注意力,能激发人的情感,能使人在潜移默化中受到启发与激励,可增加游兴和艺术感染力。例如《莫干山名称的由来》。

各位游客,在游莫干山之前,让我先给大家讲个小故事。相传在我国春秋末期,吴王阖闾命令干将和莫邪夫妻俩在三个月内铸造一对宝剑。于是,夫妻俩来到一座山前开炉铸剑。可是,不知为什么炉中的铁总是不熔化,眼看期限要到了,如不按期交出宝剑,就会招来杀身之祸。这时,妻子莫邪问道:"铁汁不下,有何妙计?"干将沉思良久说:"先师欧冶子铸剑不销,是把爱妻嫁给炉神而炼成的。"说完他想起了什么,立刻用刀剪下自己的头发和指甲扔向炉中,这时奇迹出现了,只见炉中火光四溅,铁石熔化,夫妻俩赶紧铸剑,一对绝世宝剑铸成了。夫妻俩把宝剑分为雌雄,雌剑称莫邪,雄剑称干将。后来,人们为了纪念这对聪明的夫妻,就把这座山取名为莫干山。

3. 朗诵式开头

此方式开头,句子要精美,朗诵时要有感情,时间不宜太长,结束后马上进入自我介绍。例如:"朋友,当您踏上这片美丽的土地时,就仿佛进入了诗情画意之中。古往今来,名人墨客赞美它,风流人物向往它,英雄豪杰追寻它。今天这片美丽的土地正张开它的双臂,热烈地欢迎着你们的到来!"这是抒情性朗诵。也可用其他景点之美来衬托本地风光之美,同样能起到很好的效果。例如:"尊敬的游客,您见过大海的壮阔之美吗?您见过草原的苍茫之美吗?您见过峡谷的幽深之美吗?今天黄山的雄峻之美,白云飘逸之美,晚霞瑰丽之美将一起展现在您的眼前!"这是衬托式朗诵。

4. 猜谜式开头

用此法开头,要注意时机,紧扣景点,不要太难。例如:"女士们、先生们,在我开始讲解之前,先让大家猜个谜,谁猜中谁得奖(说完拿出一个旅游纪念品),请听好,上海哪个著名景区是女性的世界,其中只有一个男人?""上海大观园。"有人揭了谜底。又比如,"两个胖子结婚——打一地名。""合肥!"游客异口同声地喊了起来。这样的猜谜式开场白也能获得良好的效果。

5. 投其所好式开头

如接到一些专业旅游团队,可以针对他们的职业与爱好进行投其所好式开头。如碰到医学界专业人士,就可用李燕杰那首著名的即兴诗开头:"每当我忆起那病中时光,白衣战士就引起我深情的遐想。他们那人格的诗、心灵的美,还有那圣洁的光,给我以顽强生活的信心,增添着我前进的力量!"

（二）猪肚：中要浩荡

导游词写作中最关键的部分还是正文,因为这部分是最能看出写作者功力的。乔梦符所说的"中要浩荡",就是说文章的中段部分要有丰富饱满的内容,调度有方、游刃有余的气度,好的导游词也应如此。导游词正文部分的写作要根据景观内容和具体情境而定,形式多种多样,没有固定的模式。但在结构安排上还有规律可循的,不外乎时间、空间和逻辑三种结构顺序。

1. 时间顺序

导游词中的时间顺序有如下两种:第一种是景观形成的历程。如自然形成的时间、历史的沿革、社会的变迁等。这种讲述主要表现为时间的延续性,几乎每一游览客体都具有这方面的内容。例如《莫高窟》。

莫高窟始建于前秦建元二年(公元366年),历经北凉、北魏、西魏、北周、隋、唐、五代、宋、西夏、元等朝代。在不同程度上反映了我国从公元5世纪到14世纪延续数千年的不同时代的社会、生产、生活、交通、建筑、艺术、音乐、舞蹈、民情风俗、宗教信仰、思想变化、民族关系、中外交往等各方面的情况。在我国三大石窟中,莫高窟是开凿最早、延续时间最长、规模最大、内容最丰富的石窟群。

第二种时间顺序是以事件发生的过程为序:礼仪过程—史料记载—民间传说。例如《祭天大典》。

祭天大典是在每年冬至日,当天凌晨4点多,各种坛灯点燃,圜丘坛西南的望灯轩望灯高悬,圜丘前燔柴炉上放置一牛犊,用松柏枝烧祭。台南广场排列200多人的乐队、舞队,在庄重的中和韶乐中,文武百官前呼后拥,皇帝亲自登上圜丘坛,站在坛面中心的"天心石"上恭读致皇天上帝的祝文。礼仪完毕,各神位前所供的供品分别依次送到燔柴炉和铁燎炉焚烧,烟气腾空,以示送达天庭,大典结束,皇帝起驾回到紫禁城。

2. 空间顺序

以空间为位移或转换的顺序来安排导游词结构是最符合导游带团实际的。所以,按旅游线路景点编写的,具体到某一景点要视具体情况而定,一般总是由远及近,从上到下,从外到内,或者反过来。例如《飞英塔导游词》主要采用的是由内到外的顺序。

飞英塔的内石塔,8面5层,高15米,下设须弥座,由一百多块太湖青石雕琢、拼叠而成。雕刻仰莲、覆缠枝花卉。束腰八边雕狮子群像,形态生动。第四层正北面为观音像。塔身革面均辟壶门状佛龛,内雕大幅佛造像。整座石塔有佛刻像1048尊,为一件唐代石塑艺术珍品。飞英塔外塔,8面7层,通高55米。副阶宽敞明亮,塔体收分自然,塔刹高俊挺拔,雄浑古朴。其中最具宋代建筑风格的是平伸舒展的翼角,简洁朴实的檐面,硕大的升斗和灵杖望柱式栏杆,塔身的转角雕出梭形轮状的倚柱,覆盆式的柱础,这种做法除宁波保国寺大殿外,已经很少见到了。内含石塔,使外塔构造奇特,4层以下中空,上3层统设楼面,6层底架十字交叉的千斤梁,悬挑27米高的塔心柱。最上面的是高12米、重10吨的塔刹。沿塔壁挑出各层平座和楼梯,拾级登临,盘旋而上,内可饱览石塔精华,外可俯瞰湖城风光。外塔造作讲究,塔身砌体中用了许多木质额方、龙骨,起了拉牵作用,加强了八面塔壁的整体牢固性。

这对保证塔体千百年无开裂和明显倾斜,起到了重要作用。塔内壁二层平座斗拱,采用两跳上昂承托,是迄今为止宋代建筑上昂构件用于平座斗拱做法的孤例。

3. 逻辑顺序

逻辑是思维的规律,语言是思维的现实。所谓逻辑顺序,就是按照人们共同的思维规律安排段落结构或语句顺序。条理性差的讲解词,随意发挥,讲述事件没有头绪,介绍说明毫无条理,使人听起来东一句、西一句,没有完整的概念和具体的形象,造成理解上的困难。导游解说中段落的逻辑性主要表现在总述部分,例如《故宫概述》。

A. 故宫的建筑格局是"前朝后寝、左祖右社",这是遵从了《周礼·考工记》对帝王都城营建的原则。颜色基调为红黄两色,取意中国传统"阴阳五行"学说。黄色代表尊贵、权威;红色代表吉祥富贵。【风格特点】

B. 它从明永乐四年(1406年)开始修建,于永乐十八年(1420年)建城,前后共花费了15年的时间。【建造时间】

C. 故宫占地面积72万多平方米,建造面积16.3万平方米,有宫殿、楼阁等各种"房间"(指4根房柱所成空间)8704间。周围有9.9米高的围墙,城外设有52米宽的护城河。城四周各设一座城门,城四角各建有一座结构精美、造型奇特的角楼。【面积规格】

D. 故宫在建造过程中共征集工匠23万,民夫100万人。选用两湖、两广、江西、山西等地的木材,使用了北京房山的汉白玉、河北蓟县(现蓟州区)盘山的五色虎皮石和曲阳县的花岗石。【耗费的财力】

以上几段的内容,如果按逻辑顺序调整应为:B、D、C、A。应当先介绍故宫的建造年代、时间,再介绍建造中花费了多少人力、物力、财力,然后介绍建造的结果——面积、规模等,最后讲解建筑的文化含义和特点。这样讲解,人们易于了解故宫的历史背景,听起来一环扣一环,条理性强,思路清晰,容易理解。

(三)豹尾:结要响亮

"结要响亮",就是指文章结尾要有力度与回味,所谓"余音绕梁,三日不绝"是也。好的导游词也应做到简洁有力,干净利落,趣味盎然,耐人寻味,给人以美的享受。导游词结尾的主要内容:游览总结、虚心听取游客意见,表达感激与惜别之情,期待来日重逢的祝福。结尾的方式主要有以下几种。

1. 诚恳谦虚式结尾

例如:"要和在座的各位说声再见了,此刻,我的心情既激动又难过,在这次旅游过程中,我有许多应该做好而没有做好的工作,我能向你们说些什么呢?只有一句话,那就是——谢谢各位给我的支持和帮助,我要努力工作,或许来年我们有缘再次相会,我将提供更好的服务……"

2. 祝愿式结尾

例如:"尊敬的朋友们,我们就要分手了,在这难忘的时刻,我衷心祝愿你们一路平安,同时我也希望你们与我常通信,愿我们的友谊像兄弟,愿我们的感情像亲人,海内存知己,天涯若比邻,相信我们能再次相聚,再见吧！尊敬的朋友们……"

豹尾之法很多,如用名人名言、幽默诙谐的语言等,切莫冷饭回锅、毛驴拉磨、画蛇添足、敷衍了事。

任务实施

活动目的

了解并掌握对口高职考试项目考试内容、评分标准、讲解景区著名景点、导游词的语言表达等相关内容。

活动要求

各小组分景区撰写一篇符合对口高职考试要求的景点导游词。

活动步骤

搜集整理四景区资料;熟悉景区导游路线图;撰写景点导游词。

活动评价

第二次上课时选择一个组(5个学生)中写好的一篇导游词进行讲解交流,由全班学生(被选中的小组同学除外)和教师进行评议打分后,提出修改意见,当堂修改好并上交,最后由教师打分,并加上学生打分给出本次作品的成绩。本项目共5分,分为三个等次:A.5分;B.4分;C.3分及以下。

任务拓展

四川五大景区著名景点梳理

(一) 都江堰

世界遗产委员会评价:建于公元前3世纪,位于四川成都平原西部的岷江上的都江堰(见图1-2),是战国时期秦国蜀郡太少李冰及其子率众人修建的一座大型水利工程,是全世界迄今为止,年代最久、唯一留存、以无坝引水为特征的宏大水利工程,多年来,仍发挥巨大效益。李冰治水,功在当代,利在千秋。都江堰不愧为文明世界的伟大杰作,造福人民的伟大水利工程。

景区主要景点:秦堰楼、二王庙、安澜索桥、鱼嘴分水堤、宝瓶口、飞沙堰、离堆公园、伏龙观、清溪园。

(a)

(b)

图 1-2　都江堰景观

（二）九寨沟

世界遗产委员会评价：九寨沟（见图 1-3）位于四川省北部，绵延超过 72000 公顷，曲折狭长的九寨沟山谷海拔超过 4800 米，因而形成了一系列形态不同的森林生态系统。它壮丽的景色因一系列狭长的圆锥状喀斯特岩溶地貌和壮观的瀑布而更加充满生趣。沟中现存 140 多种鸟类，还有许多濒临灭绝的动植物物种，包括大熊猫和四川羚牛。

景区主要景点：荷叶寨、盆景滩、芦苇海、双龙海、树正寨、老虎海、犀牛海、诺日朗瀑布、镜海、珍珠滩、五花海、熊猫海、天鹅海、原始森林、则查洼寨、五彩池、长海。

(a)

(b)

图 1-3　九寨沟景观

（三）峨眉山

世界遗产委员会评价：公元前 1 世纪，在四川省峨眉山（见图 1-4）景色秀丽的山巅，落成了中国第一座佛教寺院。随着四周其他地标的建立，该地成为佛教的主要圣地之一，许多世纪以来，文化财富大量积淀。其中最著名的要数乐山大佛，它是 8 世纪时人们在一座山岩上雕琢出来的，仿佛俯瞰着三江交汇之所。佛像身高 71 米，堪称世界之最。峨眉山还以其物种繁多、种类丰富的植物而闻名天下，亚热带植物到亚高山针叶林可谓应有尽有，有些树木树龄已逾千年。

景区主要景点："天下名山"牌坊、报国寺、伏虎寺、清音阁、一线天、大坪岭、洪椿坪、洗象池、雷洞坪、接引殿、太子坪、金顶、万年寺。

图1-4　峨眉山景观

(四) 三星堆博物馆

概况：三星堆博物馆位于全国重点文物保护单位三星堆遗址东北角，地处历史文化名城广汉城西鸭子河畔，南距成都40千米，北距德阳26千米，是中国一座现代化的专题性遗址博物馆。博物馆于1997年10月建成开放。三星堆博物馆集文物收藏保护、学术研究和社会教育多种功能于一体，采用现代科学手段实施管理，集中收藏和展示三星堆遗址及遗址内一、二号商代祭祀坑出土的青铜器、玉石器、金器以及陶器、骨器等千余件珍贵文物。三星堆文物是宝贵的人类文化遗产，在中国浩如烟海蔚为壮观的文物群体中，较具历史科学文化艺术价值并十分具有观赏性。在这批古蜀秘宝中，有许多光怪陆离奇异诡谲的青铜器造型，有高2.62米的青铜大立人像，有宽1.38米的青铜面具，更有高达3.96米的青铜神树等，均堪称独一无二的旷世神品。而以流光溢彩金杖为代表的金器，以满饰图案的边璋为代表的玉石器，亦多属前所未见的稀世之珍。图1-5所示为三星堆博物馆内馆藏。

景区主要馆藏文物：青铜神树、金杖、青铜大立人像、青铜纵目人像、青铜人头像。

图1-5　三星堆博物馆内馆藏

(五) 阆中古城

概况：阆中古城(见图1-6)，是国家AAAAA级旅游景区，千年古县，中国春节文化之乡，中国四大古城之一。阆中，历史悠久，山川形胜，俊彦辈出，文化灿烂。在华夏文明的历

(a)　　　　　　　　　　　　　　(b)

图1-6　阆中古城景观

史长卷中,具有地域特色文化的唯一性和不可替代性。相传人祖伏羲孕育在阆中。西汉时期伟大的天文学家、阆中人落下闳制定了中国第一部有文字记载的完整的历法《太初历》,开创了"浑天说",创制了世界上第一台天文观测仪器"浑仪";世界上第一个给风定级的人是唐代定居阆中的天文学家李淳风,他还撰写了世界第一部气象学专著《乙巳占》;发端于阆中渝水之滨的巴渝舞,被称作"舞蹈的活化石";中国名牌保宁醋是中国四大名醋中唯一的麸醋、药醋,1915年获巴拿马万国博览会金奖;阆中的"四川贡院"是全国仅存两处的古代科举考试省级考棚中保存较好的一处;阆中还是我国科举取士1300年间四川出状元最多的地方;阆中是我国著名"丝绸之乡",有全国规模最大的蚕种场;阆中自古有"风水宝地,阆苑仙境"之称。

景区主要景点:民居古院、汉桓侯祠、永安寺、五龙庙文昌阁、川北贡院、华光楼、巴巴寺、大像山摩崖造像、读书岩石刻、中共阆南县委旧址。

任务二　导游资格考试导游词撰写技巧

任务引入

四川省某中职旅游服务与管理专业高二年级学生拟参加全国导游资格考试,备考科目五"导游服务能力"之景区(点)讲解环节,需要创作有深度、有创意且适合口语化讲解的导游词。

任务剖析

一、导游资格考试导游词界定

导游资格考试导游词是指导游证考试中的科目五"导游服务能力"中需讲解的景点导游词。《2019年全国导游资格考试大纲》规定科目五考试中文类考生每人不少于15分钟,备考旅游景区不少于12个。考试成绩采用百分制,中文类分值比例为:礼貌礼仪占5%,语言表达占20%,景点讲解占45%,导游服务规范占10%,应变能力占10%,综合知识占10%。各省、自治区、直辖市都规定了本地区的考核景点,以四川省为例,要求考生重点掌握四川省具有代表性的12个景区(点)的基本概况及相关知识,并能运用导游语言和导游讲解技巧,对四川概况、景区(点)进行有重点、有条理的生动讲解。四川省的12个景区(点)包括九寨沟景区、黄龙景区、峨眉山景区、乐山大佛景区、阆中古城景区、邓小平故里旅游区、剑门蜀道剑门关景区、海螺沟景区、成都大熊猫繁育研究基地景区、都江堰景区、武侯祠景区、三星堆博物馆景区。

二、导游资格考试人文景观导游词创作技巧

根据导游资格考试中的科目五"导游服务能力"的要求,各省、自治区、直辖市都规定了必考景点的范围。创作技巧主要表现在以下三个方面。

(一)全面了解景区概况

可按开头语(概况、地理位置、历史背景、景点地位、名人评论)、游览线路上的具体景观介绍(突出景观特色、功能和价值)、结束语的思路进行设计和创作。

(二)创作过程中突出景观的人文特色

主要是将景点的历史背景、景点用途(或功能)、景点位置(历史价值、文物价值、旅游价值、美学价值)以及名人评论等文化内涵巧妙融入景区,切忌泛泛而谈。

(三)运用适当的表达技巧

运用本体阐释揭示本体所蕴含的知识;采用史料、典故、诗文等材料加以佐证,借助神话传说、民间故事、风土人情等进行发挥。

三、导游资格考试自然景观导游词创作技巧

自然景观涵盖地文景观类、水域风光类、生物景观类、天象与气候类。四川省导游资格

考试中有 5 个自然景观,即九寨沟景区、黄龙景区、峨眉山景区(峨眉山景区也有丰富的人文景观)、海螺沟景区、成都大熊猫繁育研究基地景区。创作技巧表现在以下四个方面。

(一)全面了解景区概况

自然景观导游词主要包括总体概说(含欢迎词)和分说两个部分,最后再加上结束语。总体概说部分是对自然景观作总体介绍,主要告诉游客即将要游览的自然景观的概况、内容及价值;分说部分是按旅游线路的先后顺序,对景点的风光特色进行具体描述。

(二)创作过程中突出景观的风光特色

主要突出自然风光的天赋性、差异性、地域性、科学性、综合性等特征,用自然科学知识说明其成因,掌握观景角度,突出其自然特征、美学特征。

(三)创作中融入与景观有关的文学知识

主要描述该景点的著名山水诗、词、文、赋,增添景点的文学情趣,山水人文相融合,会使导游词增色不少。

(四)语言组织营造意境

自然景观创作语言要简洁明快,多用比喻句进行联想映衬(但要避免用长句),多用口语词、指引词引导游客欣赏。

任务实施

活动目的

了解并掌握导游资格考试的考试内容、评分标准、创作技巧等相关内容。

活动要求

各小组分景区各撰写一篇符合导游资格考试要求的自然景观和人文景观景点导游词。

活动步骤

搜集整理景区资料;熟悉景区导游路线图;确定重点讲解内容;撰写景点导游词。

活动评价

第二次上课时选择一个组(5 个学生)中写好的一篇导游词进行讲解交流,由全班学生(被选中的小组同学除外)和教师进行评议打分后,提出修改意见,当堂修改好并上交,最后由教师打分,并加上学生打分给出本次作品的成绩。本项目共 5 分,分为三个等次:A.5 分;

B.4分;C.3分及以下。

任务拓展

如何使导游语言表达具有现场感?

导游语言的一个非常突出的特点,就是具有极强的现场感。这一特点是依靠一系列表达手段来实现的,主要有具有鲜明现场感的词语、具有鲜明现场感的导引语、面对面设问三种方法。

1. 具有鲜明现场感的词语

具有鲜明现场感的词语,主要是指导游讲解中的现场时间名词、时间副词以及指示代词等等。时间名词主要有"现在""今天""刚才""此时此刻"等等,时间副词主要有"刚刚""正在""立刻""马上""将要"等等,指示代词主要是指近指代词,如"这""这里""此""此处""这会儿""这么""这样""这么样"等等。

2. 具有鲜明现场感的导引语

具有鲜明现场感的导引语,主要是指对游客的引导或提示游客的一些用语。例如,"请大家往上看""请大家顺着我手指的方向看""现在大家看到的是……""现在我们所处的位置是……""我们面前的……""映入我们眼帘的就是我们向往已久的……"等等。此外,还有引导游客参与的引导语。如,"请大家试着……""现在大家猜一猜……""哪位朋友愿意(做)……"等等。

①现在各位看到的面前这条"间株杨柳间株桃"的游览长堤就是白堤。当我们的船驶到这里,西湖最秀丽的风光就呈现在大家面前了。瞧!堤上两边各有一行杨柳、碧桃,特别是在春天,柳丝泛绿,桃花嫣红,一片桃红柳绿的景色,游人到此,如临仙境……大家再看,白堤中间的这座桥,以前是座木桥,名叫"涵碧桥",如今更名为"锦带桥"。

②整个南岳大庙分为九进,现在各位脚下踩的这座弓形桥就是第一进前的寿涧桥。请大家抬头往上看,第一进门上写着三个闪闪发光的大字"棂星门",据《星经》记载,门以"棂星"命名,意思是人才辈出,为国家所用。在棂星门上方的汉白玉碑上,有金光闪闪的"岳庙"二字,相传是衡山学者康和声所书。好!现在让我们穿过此门进入第一进。

上述两例中画线的部分,都是现场导引语,这些导引语使此情此景、此时此刻、此地此人的游览现场特征更加突出,既有对旅游者的引导语提醒,又使导游口语讲解呈现十分鲜明的现场感。

3. 面对面设问

现场的面对面设问,包括根据游客思路引发的设问和直接提问游客的设问。主要表达方式是"来到(讲到)这里,大家可能会问……""大家一定会产生这样的疑问……""刚才有位朋友问……""这位朋友问……"等,请看下面两个例子。

①讲到这里,我看到有的朋友已经在仔细观察,或许大家马上就会问:这座桥根本没断,为什么要取名"断桥"呢?

②哦,对了!望着这波光粼粼的一湖碧水,刚才有朋友问,西湖的水为什么这样清澈纯净?这就要从西湖的成因讲起……

上面两个例子中的画线部分,就是顺着游客思路进行的提问,这种问题,要点并不在"问",而在于集中旅游者的注意力,收拢旅游者的思路,使导游讲解有效进行。

任务三 导游大赛导游词撰写技巧

任务引入

某中职院校拟选拔选手参加全国职业院校技能大赛导游服务赛项(中职组),该赛项中"现场导游词创作及讲解"需要选手从中国著名旅游文化元素题库中抽取,题库包括100个旅游文化元素和15个团型。选手现场抽取一个旅游文化元素和一个团型,准备时长30分钟,独立完成现场导游词创作。

你作为参赛选手,按照要求进行相关导游词创作。

任务剖析

一、中国著名旅游文化元素导游词界定

全国职业院校技能大赛(以下简称"国赛")设置了"导游服务"赛项,赛项规程规定竞赛内容包括五个部分,即导游知识测试、现场导游词创作及讲解、自选景点导游讲解、导游英语口语测试、才艺运用。其中,现场导游词创作及讲解内容为中国著名旅游文化元素,该部分比赛公开题库,题库包括100个旅游文化元素和15个团型。选手现场抽选出一个旅游文化元素和一个团型,准备时长30分钟,独立完成现场导游词创作。30分钟后离场,在2分钟内用中文进行脱稿讲解。

"国赛"中的中国著名旅游文化元素包括人文景观、各民族传统节日、传统工艺美术、传统民间技艺、宗教文化、饮食文化、艺术表演、民族民俗八个方面,有100个体现旅游文化元素的景观。中国著名文化元素导游词就是指现场创作出的这些景观的导游词。

二、团型分析

团型是一个导游带团前必须向旅行社了解的一项重要内容,不同的团型有不同的需求,导游讲解也要有不同的侧重点,所以导游词创作时应分析团型,不可用一篇导游词接待所有团型,这样的导游词针对性不强,比较难有吸引力。"国赛"涉及的团型有宗教朝圣团、教师团、中学生研学团、老年团、作家采风团、商务团、政务团、留学生团、女性团、度假团、华侨团、亲子团、摄影团、写生团、养生团。

三、中国旅游文化元素导游词创作技巧

(一)挖掘文化内涵

中国旅游文化元素景观拥有大量的文化知识,内涵博大精深,需要导游在导游词创作时进行挖掘并加以取舍。文化内涵主要包括人文景观所处时代的历史文化背景、呈现出来的具体特征或表象、背后所蕴含的历史人文故事、社会价值及信仰、功能价值、生活风情等。

(二)明晰创作思路

导游词创作遵循一定的思路,有了思路一方面便于创作,另一方面方便记忆和讲解。创作中国旅游文化元素导游词的主要思路体现在两个方面,一是按旅游线路进行创作,二是按主题进行创作。

1. 按旅游线路创作

每一个景观不是独立存在的个体,很多景点都有游览线路,例如曲阜三孔就有孔庙、孔府、孔林的游览线路,秦始皇兵马俑也有一、二、三号坑的游览线路。按旅游线路创作的导游词方位性比较强,条理比较清晰,但务必突出线路上景观的人文特色。具体创作过程中要将景点的历史背景、景点用途(或功能)、景点地位、景点价值(历史价值、文化价值、旅游价值、美学价值)以及名人评论等文化内涵巧妙融入进去,切忌走马观花。按旅游线路创作导游词,可按开头语(概况、地理位置、历史背景、景点地位、名人评论)、游览线路上的具体景观介绍(突出景观特色、功能和价值)、结束语的思路进行设计和创作。

2. 按主题进行创作

主题是导游词创作的核心,选手参加技能大赛中的"现场导游词创作"项抽取的中国旅游文化元素及团型相当于明确了主题,"自选景点导游词讲解"项中的导游词创作绝大部分也是突出主题创作,从近几年的全国职业院校导游赛项中呈现出来的导游词可以体现这一创作思路。主题的选定非常关键,一定要突出人文景观的特色,如果是文物,则以文物的历史价值为主题,历史价值可从文物的保存时间、功能、造型、质地、色彩等方面入手;如果是古代建筑,就可以呈现古代建筑的高超技术及其文化内涵;如果是伟人故居之类的革命圣地,就可以弘扬革命精神为主题等。主题型人文景观导游词必须有条理性,切忌什么都想讲,却

什么都没讲清楚。

任务实施

🎯 活动目的

了解全国职业院校技能大赛"导游服务"赛项的具体内容、创作技巧等相关内容。

✈ 活动要求

每位同学随机抽取中国旅游文化元素和团型，创作导游词。

✏ 活动步骤

分析团型特点；挖掘文化内涵；明晰创作思路；撰写导游词。

🏆 活动评价

第二次上课时选择一个组（5个学生）中写好的一篇导游词进行讲解交流，由全班学生（被选中的小组同学除外）和教师进行评议打分后，提出修改意见，当堂修改好并上交，最后由教师打分，并加上学生打分给出本次作品的成绩。本项目共5分，分为三个等次：A.5分；B.4分；C.3分及以下。

任务拓展

中国旅游文化元素导游词撷英

（一）罗西亚大街历史文化街区（教师团）

各位教师朋友，大家好！在中国的东北，有一个不一样的城市，它就是齐齐哈尔；在齐齐哈尔，有一条不一样的街区，它就是昂昂溪区的罗西亚大街。大家一定很想了解这条不一样的街区，那么请跟随我的步伐，走进这个存在了一个多世纪的历史街区吧。

罗西亚大街形成于1907年，是中国铁路沿线俄式建筑保存较好、具有突出特色的一条街道。罗西亚大街长1451米，宽18米，沿街两侧分布的俄式建筑均匀排列，形成以昂昂溪火车站为中心的功能完善的建筑群体。

当年，来自俄国的工人和技术人员涌入此地修建铁路，同时他们也在火车站附近建设了大量的办公和居住建筑。这些俄式建筑逐渐汇聚成了一条大街——罗西亚大街。这些融合了俄式风格的建筑见证了中东铁路的历史，具有较高的建筑艺术价值和历史文化价值。这条街区,有居民住宅 105 栋,建筑总面积 13423 平方米。105 栋俄式居民住宅分别为砖木结构、砖混结构、木质结构。建筑的特点是大部分房屋外有花厅,木工雕琢,墙体厚实,窗户又高又窄;屋内有木质地板和天棚,砌筑火墙和壁炉,房屋内空间较大,冬暖夏凉,坚固耐用,体现出浓郁的俄罗斯民族风情。请大家细细品味,慢慢游览!

我的讲解就到这里。谢谢大家!

(二)洛阳唐三彩(商务团)

各位朋友,大家好,欢迎来到洛阳参观了解唐三彩!

唐三彩(见图 1-7),顾名思义,是唐代低温彩釉陶器的总称。就是在同一器物上,黄、绿、白或黄、绿、蓝、褐、黑等基本釉色同时交错使用,形成绚丽多彩的艺术效果。其中,"三彩"是多彩的意思,并不专指三种颜色。因唐三彩最早、最多出土于洛阳,故有"洛阳唐三彩"之称。

下面我主要为大家介绍唐三彩的功能、分类和特色。唐三彩的功能主要是用作陪葬用器,有俑像类和生活器皿类。其中,俑像类主要有人物俑和动物俑。人物俑题材广泛,主要有妇女俑、文吏俑、武士俑与天王俑、镇墓兽等。这些俑像神形兼备,以其题材刻画出其不同的性格和特征。贵妇则面部胖圆,肌肉丰满,梳各式发髻,着彩缋服装。文官则彬彬有礼,武士则勇猛英俊,胡俑则高鼻深目,天王则怒目凶狠。制作这些人物俑时,为了增强人物形象的质感,采取了"开相"工艺,就是对人物的头部多不施釉,仅涂以白粉;在唇和面颊上,添加朱红;对眼眸、眉睫、胡须、巾帽或花钿等,用墨或彩色来描画,以增强写实效果。唐三彩的特色不仅表现在雕塑艺术上,更突出的是色彩绚丽灿烂,在釉彩上使用了我国独有的流串工艺,煅烧过程中,制陶艺人利用铅釉流动性强、烧制时往下流淌的特点,把施釉技巧和装饰手法相互结合,造成色泽典雅富丽的艺术效果。

唐三彩吸取了中国国画、雕塑等工艺美术的特点,是一种具有中国独特风格的传统工艺品,是凝聚了古代中国劳动人民智慧和艺术的结晶,有不朽的艺术价值。

我的讲解就到这里,接下来请大家慢慢欣赏,谢谢大家!

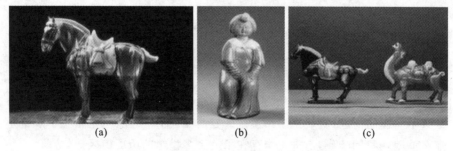

图 1-7　唐三彩

(三)昆曲(中学生研学团)

各位同学,你们好!大家先猜猜:中国现存最古老的剧种是哪种?很多人立马会回答是"京剧"。其实不然,是昆曲。

昆曲,原名"昆山腔""昆腔",是中国古老的戏曲声腔、剧种,清代以来被称为"昆曲",现又被称为"昆剧"。

昆曲发源于 14 世纪中国的苏州太仓南码头,后经魏良辅等人的改良而走向全国,自明代中叶起独领中国剧坛近 300 年。昆曲糅合了唱、念、做、打、舞蹈及武术等,以曲词典雅、行腔婉转、表演细腻著称,被誉为"百戏之祖"。

昆剧表演(见图 1-8)的最大特点是抒情性强、动作细腻,歌唱与舞蹈的身段结合得巧妙而和谐。昆剧是一种歌、舞、介、白各种表演手段相互配合的综合艺术,在长期的演剧历史中

图 1-8 昆剧表演

形成了载歌载舞的表演特色,尤其体现在各类角色的表演身段上,其舞蹈身段大体可以分成两种:一种是说话时的辅助姿态和由手势发展起来的着重写意的舞蹈;另一种是配合唱词的抒情舞蹈,既是精湛的舞蹈动作,又是表达人物性格心灵和曲辞意义的有效手段。

昆曲也是中国传统文化艺术中的珍品,2001 年被联合国教科文组织列为"人类口述和非物质遗产代表作",入选理由表现在昆曲具有极高的唱、念、做、打(舞)之综合技巧。昆曲是"活化石",属"濒危物种"。既然各位同学来到了江苏,现在咱们就去欣赏吧!

项目小结

在掌握理论基础知识的基础上,能辨析各类导游词的特点;能明晰导游对导游词的驾驭能力体现。

项目训练

一、知识训练

1. 熟悉《四川省普通高校职教师资班和高职班对口招生职业技能考试大纲》(旅游服务一类)"景点讲解"项目考纲。

2. 了解旅游部已经发布的《2019 年全国导游资格考试大纲》,考生可自行下载(链接:https://www.mct.gov.cn/公告通知栏目)。

3. 了解全国职业院校技能大赛导游服务赛项规程。

二、能力训练

实训一　对口高职考试导游词撰写技巧

实训目的：

通过实训,学生可以熟练对口高职考试导游词撰写技巧。

实训要求：

1. 根据讲解对象设计不同团型。
2. 分小组创作不同景区导游词。
3. 重点突出,具有文化内涵。
4. 运用2—3种讲解技巧和方法。
5. 时长:不低于3分钟、不高于4分钟。
6. 讲解练习,小组内互评。
7. 模拟景点讲解。
8. 老师和小组间互评。

实训内容：

对口高职"景点讲解"景区范围。

实训步骤：

1. 小组分工,分配任务。
2. 分析讲解对象。
3. 了解景区,收集整理资料,选择讲解景点。
4. 撰写、修改讲解词。
5. 讲解练习,小组内互评。
6. 模拟景点讲解。
7. 老师和小组间互评。

实训二　导游资格考试导游词撰写技巧

实训目的：

通过实训,学生可以了解导游资格考试导游词撰写技巧。

实训要求：

1. 讲解对象:普通游客。
2. 景区概况信息完整。
3. 内容正确,线索清楚,结构合理。
4. 基本符合服务规范和程序。
5. 重点突出,信息丰富。
6. 对具体景点进行深入挖掘。
7. 制作评分表。
8. 小组合作完成。

实训内容：

导游资格考试景区范围。

实训步骤:

1. 小组分工,分配任务。
2. 分析讲解对象。
3. 了解景区,收集整理资料,选择讲解景点。
4. 撰写、修改讲解词。
5. 讲解练习,小组内互评。
6. 模拟景点讲解。
7. 老师和小组间互评。

实训三 导游大赛导游词撰写技巧

实训目的:

通过实训,学生可以了解导游大赛导游词撰写技巧。

实训要求:

1. 根据讲解对象设计不同团型。
2. 根据景观信息选择一个(含团型),撰写一篇在语言、形式上符合要求的导游词。
3. 字数控制在500—700字。
4. 体现景观特色,进行必要的筛选、扩充与想象。
5. 在选材、角度、结构、表达等方面有一定的创新性。
6. 制作评分表。
7. 小组合作完成。

实训内容:

中国旅游文化元素。

实训步骤:

1. 小组分工,分配任务。
2. 分析讲解对象。
3. 了解景区,收集整理资料,选择讲解景点。
4. 撰写、修改讲解词。
5. 讲解练习,小组内互评。
6. 模拟景点讲解。
7. 老师和小组间互评。

项目二
景区讲解的语言技巧

项目目标

职业知识目标：

1. 认识无声语言的作用，了解表情语、姿态语、手势语、界域语等相关知识；知晓态势语言与人际空间禁忌。

2. 掌握有声语言及其特点；掌握有声语言语音规范及训练方法；掌握语音技巧及训练方法。

职业能力目标：

1. 能正确使用表情语、姿态语，手势语、界域语表情达意。
2. 能利用气息调节、共鸣控制等技巧美化自己的声音。
3. 能恰当运用停顿、重音、语速、白调、语气等技巧，使口语表达生动准确。

职业素养目标：

1. 能用得体优雅的姿态，体现自身修养，增强说话的感染力。
2. 能在旅游服务工作中杜绝出现不礼貌的动作、表情。
3. 能经过语音训练，克服方音，说标准的普通话。

知识框架

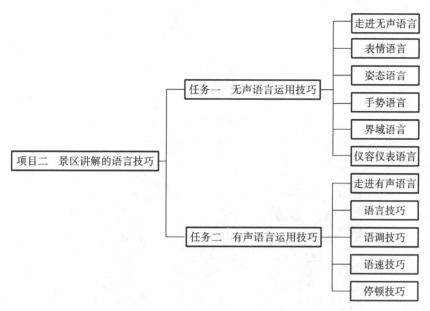

教学重点

1. 掌握无声语言的表达技巧。
2. 掌握有声语言的表达技巧。

教学难点

无声语言　有声语言

项目导入

小李大学毕业后到旅行社做了一名地陪,工作勤奋努力,但她的工作有时真的挺让人头疼。她出生于四川一个偏远落后的山区,咬字不准、发音不清给她造成了很大的困扰。外地游客听起来有些费力。一次,飞机准点降落在双流机场,地陪小李已经在机场出口处候着了。小李穿着得体,充满朝气。在向客人作了自我介绍后,接着用手指指着客人清点人数。

问题1:小李作为一名地陪,她哪些地方做得好,哪些地方做得不好?
问题2:如果你是小李,接下来你应该怎么办?

任务一 无声语言运用技巧

任务引入

图 2-1 是一张博物馆讲解员正在讲解的照片。请仔细观察这位普通的博物馆讲解员,这张照片我们虽然听不到声音,但是我们也可以感受到这位讲解员的风采。请大家说一说这些风采源自哪些地方。

图 2-1 博物馆讲解员讲解

任务剖析

一、走进无声语言

(一) 无声语言的含义

无声语言又称态势语、体态语,是有声语言(口语)的重要补充。它通过姿态、手势、表情、目光等配合有声语言来传递信息。

无声语言是指通过人体某一位置形态的变化来交流情感的一种方式,它主要对有声语言起辅助作用。态势语言与有声语言(也包括有声语言的书面形式)一起构成交流手段的总体,两者相辅相成,不可分割,一起表达确切、完整的信息。

在交际中,人们所获得的感觉印象大多数来源于视觉,据测定,77%来自眼睛,14%来自耳朵,9%来自其他感觉器官。体态语直接诉诸人的视觉器官。

美国心理学家艾伯特·梅瑞宾发现,在一条信息传递的全部效果中,只有38%是有声的(包括音调、变音和其他声响),7%是靠语言(词),而55%的信息全是无声的。在交际过程中,处于辅助地位的态势语言有它巨大的信息容量。有声语言用来传递信息,无声语言用来表达人与人之间的态度,同时也用来作为传递信息的替代物,所以景区讲解员与游客交往过程中必须重视自身的体态语言。

(二)无声语言的种类

无声语言通过身体的各个方面来表现,主要有手势语、目光语、身势语、面部语、服饰语等。通过仪表、姿态、神情、动作来传递信息,它们在交谈中往往有着有声语言无法比拟的效果,是景区讲解员职业形象的更高境界。形体语言在讲解的过程中非常关键,有时一个眼神或者手势都会影响到整体讲解效果。比如面部表情的适当微笑,就显现出讲解员的乐观、豁达、自信;服饰的大方得体、不俗不妖,能反映出讲解员的风华正茂,有知识、有修养、有魅力,成为景区当中的一道独特的风景线,增强景区讲解员的职业竞争能力。

(三)无声语言的作用

景区讲解员的成功讲解离不开适度的无声语言配合,恰当地使用无声语言可以弥补有声语言难以言表的不足,"此时无声胜有声"。

1. 无声语言是景区讲解员与游客交往的特殊语言

景区讲解员的工作语言有词汇、语法等,有语音、语调的要求。讲解员的无声语言也有动作和表情的特殊表达方式。在景区讲解员与游客的交流过程中,讲解员的神情、体态、举手投足总是伴随着有声语言传递相应的信息。在通常情况下,动态的、形象的、直观的无声语言与有声语言的协调一致,会同时作用于对方的视觉和听觉,从而拓宽信息传输的渠道,强化、修饰、补充或者肯定有声语言的信息,使游客产生深刻的印象。

另外,在各大景区讲解员的规章制度中,也会强调讲解员与游客交往过程中的态势语言,也就是我们所谓的无声语言。

2. 景区讲解员的无声语言能吸引游客的注意力

在景区旅游的过程是景区讲解员与游客相互作用的过程。如果讲解员不注意与游客的互动,会使游客产生无聊、失落的情绪。讲解员必须根据游客的特点充分发挥互动的作用。在讲解过程中讲解员运用富于变化的表情、抑扬顿挫的语调、变换的节奏,配以指引性手势或加强性手势并自觉地变换身体姿态、视线和与游客的空间距离,可以悄悄地把游客的注意力吸引过来,从而起到激发游客兴趣与兴致的作用。

3. 无声语言可以表达难以言表的情感

无声语言的最大魅力在于:用一个眼神就可以传神,就能表情达意,用一个动作就能表达难以启齿或难以言表的意思,有时候甚至可以直接代替说话。

比如西方人大都在拿不定主意或犹豫时摊开手臂,同时耸耸肩膀,这个态势语的意思是同意,还是不同意?是赞成,还是反对?这是一个令人费解的态势动作,结论由对方揣摩。

无声语言可以弥补有声语言的不足,表达讲解员与游客之间难以言表的情感,甚至可以直接代替说话。讲解员在讲解前、讲解过程中或提出问题的时候,环视一下游客,环视要照顾到每一位游客,但时间不宜过长,次数不能频繁。当讲解员注视游客时,目光应自然、亲切,让游客感到被重视。这往往就是讲解工作成功的第一步。

二、表情语言

表情语言即表情语,是指通过人的眉、眼、耳、鼻、口及面部肌肉运动来表达情感和传递信息的一种态势语言。它能把具有各种繁杂变化的内心世界,最真实、最充分地反映出来。学习关于表情语的知识,用讲解员应有的愉快、喜悦、热情、关注的面部语言——微笑、注视语来面对游客,能够正确使用表情语。

（一）表情的类别

笑与无表情是面部表情的核心,任何其他面部表情都发生在笑与无表情之间。表情主要分为以下三类。

一是愉快,如喜爱、快乐、兴奋等。此时,面部肌肉拉伸,眉毛上扬,瞳孔放大,嘴角上扬,面孔显短,所谓"眉毛胡子笑成一堆"。

二是不愉快,如愤怒、恐惧、痛苦、厌弃、轻蔑等。此时,面部肌肉纵横,面孔显长,所谓"拉得像个马脸"。

三是无表情,无表情的面孔,平视,脸几乎不动。它将一切感情隐藏起来,叫人不可捉摸,它往往比露骨的愤怒和厌恶更能深刻地传达出拒绝的信息。

（二）讲解员的表情语

讲解员的面部表情要给游客一种平滑、松弛、自然的感觉,要尽量使自己的目光显得自然、诚挚,额头平滑不起皱纹,面部两侧笑肌略有收缩,下唇方肌和口轮匝肌处于自然放松的状态,嘴唇微闭。具体来说有以下几个方面。

1. 微笑语

微笑是通过不发出声音的笑来传递信息、表达感情的一种态势语言。在表情语中,微笑是最具有感染力的,它一向被称为高级表情语,是交际中的润滑剂。往往一个微笑能很快缩短彼此的心理距离,表达出善意和愉悦,给人以春风般的温暖。微笑是一种世界通用语,在各种文化体系中其含义基本相同,被称为社交中的万能通行证。

微笑技巧的运用要遵循以下几条原则。

一要笑得自然。微笑应该是发自内心的,是美好心灵的外现。若不是发自内心,就容易变成皮笑肉不笑。

二要笑得真诚。微笑既是自己愉快心情的外露,也是纯真之情的奉送,真诚的微笑令人内心产生温暖,传递美好的情感;弄虚作假的笑则会让人觉得别扭。

三要笑得适宜。首先场合要适宜,一个庄重的集会,一次沉痛的哀悼,讨论一个严肃的问题等,都不能微笑;其次,程度要适宜,笑得太放肆、没有节制会有失身份,引起反感,笑容在脸上不做停留,一闪而过,也不会起到好的效果。

2. 目光语

所谓眼睛是心灵的窗户,泰戈尔对"眼语"有过这样的描述:"那些自有生以来,除了嘴巴的颤动之外没有语言的人,学会眼睛的语言是十分必要的。它在表情上是无穷无尽的。像海一样深沉、天空一样清澈,黎明与黄昏、光明与黑暗都在这里自由嬉戏。"目光语是通过人与人之间的视线接触来传递信息的一种态势语言。目光主要由瞳孔变化、目光接触的长度及向度三个方面组成。瞳孔变化,是指目光接触时瞳孔的放大或缩小,一般来说,当一个人处于愉悦状态时,瞳孔就自然放大,目光有神;反之,当一个人处在沮丧状态时,则瞳孔自然缩小,目光暗淡。目光接触的长度,是指目光接触时间的长短。讲解员一般连续注视游客的时间应在1至2秒钟以内,否则容易引起游客的厌恶和误解。目光接触的向度是指视线接触的方向。一般来说,人的视线向上接触(即仰视)表示"期待""盼望"或"傲慢"等含义,视线向下接触(即俯视)则表示"爱护""宽容"或"轻视"等含义,而视线平行接触(即正视)表示"理性""平等"等含义。讲解员常用的目光语应是"正视",让游客从中感到自信、坦诚、亲切和友好。

讲解员的视线与游客接触的时间不宜过长,否则会变成逼视或盯视,引起游客的误解或反感。在讲解过程中,讲解员的目光还需环视四周,以观察游客的动向和反应。

三、姿态语言

姿态,这里指身体的无声动作,它是说话者文化素养和情趣的侧面体现。姿态语言即姿态语,是通过端坐、站立、行走的姿态来传递信息的一种态势语言。要给人留下美好的第一印象,姿态语不可忽视。

(一)首语

首语,这里指头的动作表现出的意义。头为仪容的主体,它的位置应该平正闲适,不能偏侧倾斜。头部动作不宜过多,应与体态手势协调一致。

(二)坐姿

讲解员的坐姿要给游客一种温文尔雅的感觉。其基本要领是:上体自然挺直,两腿自然弯曲,双脚平落地上,臀部坐在椅子中央,男性讲解员一般可张开双腿,以显其自信、豁达;女性讲解员一般两膝并拢,以显其庄重、矜持。坐姿切忌前俯后仰、摇腿跷脚或跷起二郎腿。

坐姿分为严肃坐姿和随意坐姿两大类。严肃坐姿,落座在座位的前半部。两腿平行垂直,两脚落地,腰板挺直。表明说话人十分严肃认真。

随意坐姿的情况较为复杂。男性坐的时候,腰板挺直,应抬头、挺胸、收腹、两眼平视对方,两腿张开与肩等宽。两腿张开太大,既不礼貌,也不雅观。女性坐的时候,可一只脚的跗指紧接着另一只脚的脚跟,两腿膝盖靠拢,显得优雅大方(见图 2-2)。

不论坐在椅子上还是沙发上,最好不要坐满,以坐一半到三分之二为宜(见图 2-3)。上身端正挺直,但不宜过于死板僵硬,时间较久的交谈,也可靠在沙发上,但不可半躺半坐,入座时动作要轻、稳,不可猛地坐下,入座后手可平放在腿上或沙发扶手上,不可随心所欲到处乱摸。

图 2-2 女性随意坐姿

图 2-3 入座位置

（三）立姿

图 2-4 女性站姿

立姿即站姿,能充分体现一个人的精神面貌,是其他一切姿态的基础。讲解员的站姿要给游客一种谦恭有礼的感觉。其基本要领是:头正目平,面带微笑,肩平挺胸,立腰收腹,两臂自然下垂,两膝并拢或分开与肩平行。不要两手叉腰或把手插在裤兜里,更不要有怪异的动作,如抖肩、缩胸、乱摇头、擤鼻子、扯胡子、舔嘴唇、拧领带、不停地摆手等等。

男性站姿:双脚平行,大致与肩同宽;上身挺直,双肩稍向后展,头部抬起,双臂自然下垂伸直,双手贴于大腿两侧。

女性站姿:挺胸收颌,目视前方,双臂自然下垂,叠放或相握于腹前,双腿并拢,不宜叉开(见图 2-4)。

不同的立姿传达出不同的含义。

身体正直,昂首挺胸,表示勇敢威严,给人恭谨和稳定感;双肩放平,双臂自然弯曲,给人轻松感;腰部、颈部自然挺直,显示精神焕发。

身躯微微前倾,给人关怀亲切、谦逊有礼、凝视细听、尊重之感;身躯微微后仰,给人以精神振奋、坚定不移或傲慢自负感;身躯稳定,显示庄重、心情平静。

身躯摇晃,表示热烈、激昂或烦躁不安;反身向后,表示否定拒绝。

(四)走姿

讲解员的走姿要给游客一种轻盈、稳健的感觉。其基本要领是:行走时,上身自然挺直,立腰收腹,肩部放松,两臂自然前后摆动,身体的重心随着步伐前移,脚步要从容轻快、干净利落,目光要平稳,可用眼睛的余光(必要时可转身扭头)观察游客是否跟上。行走时,不要把手插在裤兜里(见图2-5)。

图2-5　走姿

四、手势语言

手势不仅是人类历程中最常使用的交际工具,也是人们交往中使用频率最高的一种相互沟通的重要辅助手段。根据手势完全可以了解到别人不同的心理状态。如当人不好意思时,手就想抓东西;与人生气时,往往爱挽袖子;发脾气时,会拍桌子。传说在美国白宫里的办公桌上,会摆一盆沙子,以防有人发火时,可以抓沙子,火气就会自然下去。

手势语言不仅有助于强调讲话内容,吸引听众,还能使讲话更活泼。

(一)手势语言的分类

1. 情绪手势

此种手势是伴随着表达者感情起伏发出的,主要用于表达某种内心思想、情绪、意向或态度,使之形象化、具体化,如高兴时拍手称快,悲痛时捶胸顿足,愤怒时挥舞拳头、不断颤抖,悔恨时敲打前额,犹豫时抚摸鼻子,急躁时双手相搓,尴尬、为难、不好意思时摸后脑勺,挑战、示威、自豪时双手叉腰等。

2. 指示手势

此种手势表示指示具体对象。可增强内容的明确性和真切性。指示手势可用来指点对方、他人、某一事物或方向,表示数目,指示谈论中的某一话题或观点(见图 2-6)。如用右手手指指头部,表示动脑筋、思考、盘算、疑问;用手掌拍胸,表示是自己或和自己有关的事;用手拍拍肩膀,表示担负工作、责任和使命;用拳击胸,表示悲痛难过。

图 2-6 指示手势

3. 象形手势

此种手势是比画事物形象特征的手势动作,用来描摹形状物,增强形象感,给人一种如见其人、如临其境的感觉,常带有夸张意味,因而极富有感染力(见图 2-7)。如比画事物的大小、高矮等。

4. 象征手势

用准确恰当的手势显示抽象的事物,引起联想。这种手势往往具有特定的内涵,使用十分广泛,能有效地加强语言表达效果。如用食指和中指构成"V"表示胜利。用拇指和食指合成圈,另外三指伸直的"OK"表示良好、顺利、赞赏等。

图 2-7　象形手势

(二) 手势语言的原则

手势语言使用的首要原则就是雅观自然。使用时务必保持三个协调:手势与全身协调,手势与口头语言协调,手势与感情协调。手势语言的表现因人而异,讲话者根据自身条件选择合适的、有表现力的手势。就性别而言,男性的手势一般刚劲有力,外向动作较多;女性的手势柔和细腻,内向动作较多。就年龄而言,老年人因体力有限,手势幅度较小,精细入微;中青年人,手势幅度较大,干脆利落,气魄雄伟。

(三) 手势语言的活动区域及相应的意义

在讲解中,手势语言的活动可分为以下三个区域。

1. 上区手势语

手势在讲解员的肩部以上活动,称为上区手势语。上区手势语多侧重表示理想的、想象的、宏大的、张扬的、高调的内容和情感,比如美好的愿望、殷切的期盼、远大的抱负、振奋人心的胜利、似锦的前程等。比如讲到"他意识到,走出这片狭窄的天地,自己的前途会一片光明"这样的内容,其手势活动于上区就比较贴切而有意义(见图 2-8)。

2. 中区手势语

手势活动集中在讲解员的肩部至腹部这一范围称为中区手势语。中区手势语多表示叙事和说明,一般来说,表现出讲话者心情平静,处于理性状态。比如介绍"峨眉山的景区面积为 154 万平方千米,最高海拔为 3099 米的万佛顶""我想问大家一个问题",要表现这样的内容,手势在中区活动就比较合适(见图 2-9)。

3. 下区手势语

手势如果活动于讲解员的腰部以下的范围,则称为下区手势语。这种手势语,多表示厌恶、憎恶、鄙视的内容和情感。比如在阆中古城讲到张飞被自己的属下残害的时候,这时的手势就宜在下区。

图 2-8　上区手势语

图 2-9　中区手势语

（四）使用手势语言的注意事项

正确地使用手势语能够为有声语言表达增光添彩,但是手势语如果使用得不自然、不到位甚至错误的话,那会造成得不偿失的后果。使用手势语言需要注意以下几个方面。

（1）手部态势语最基本的要求是要和有声语言的内容表达一致,不能"说一套指一套"。

（2）使用手指态势语时,绝对禁止用中指指点任何事物,尤其是讲解员,不可以用任何一根手指指向任意一位游客。

（3）手部上下运动时,需要适度打开肘关节,不能把肘部夹在体侧,否则会显得非常猥琐。

（4）手部动作干净利落,手部的运动线路不要花哨,尽量以直线或者间接弧线为主,不要绕弯。

（5）用手掌指示时,手部和小臂呈直线,不可翻腕,尤其是男性,更加忌讳这样做。

（6）如果讲解员需要用手指指示远处方向,抬起来的手应该是手心向下的。

（7）使用手掌态势语时,掌心微微内弓,四指自然并拢,虎口适度打开。切记手部既不可四指张开,也不可作兰花指状。

（8）在用手指示时,身体要微侧,头要微偏,整个体位要配合手部动作进行,不能只单独对应手部,使整个人显得僵硬呆板。

除了具体的动作要求,还应该注意以下三个方面。

（1）不要矫揉造作。

（2）不要忽视游客的民族文化和生活习俗差异。

（3）手势语有地域特点。

五、界域语言

（一）界域语言的含义

界域语言即界域语，又叫做"空间距离语"，是交际者之间以空间距离所传递的信息，是导游语言中一个很重要的语言符号。在心理学中，空间的存在具有心理学的意义，比如每个人都有自己心理上的个体空间，它像一个无形的安全区，自己在这个安全区内会得到安全感。

这里的"距离"有两层含义：一是指心理距离，二是指空间距离。心理距离和空间距离有相应的关系。"亲则近，疏则远"就表明两者的相互关系。心理距离越近，交际时的空间距离也就越近；反之，心理距离越远，交际时的空间距离也就越远。

（二）界域语言的分类

1. 亲热界域语

亲热界域语指接触性界域语，如拥抱、亲吻、挽手等。讲解员通常不用，除非出于尊重对方习俗非用不可，也应慎重，应符合对方的习俗礼仪。

2. 个人界域语

个人界域语指接近性界域语，一般距离为 100 厘米左右，语意为"亲切、友好"，如促膝而谈、握手等。

3. 社交界域语

社交界域语即交际性界域语，一般距离为 200 厘米左右，语意为"严肃、庄重"，如商谈、讲解员讲解等。

（三）界域语言对于讲解员的意义

讲解员在带团讲解的过程中，比较常用的是个人界域语和社交界域语，应避免使用亲热界域语。无论是讲解服务还是生活服务，要注意给旅游者留出充足的个人空间，避免侵犯他人的隐私，这既是一种修养，更是对旅游者的一种尊重。

六、仪容仪表语言

仪容仪表语言是通过仪容和仪表来传递信息的一种态势语言，主要分为服饰语言和妆容语言。

（一）服饰语言

一个人的服饰既是所在国家、地区和民族风俗与生活习惯的反映，也是个人气质、兴趣爱好、文化修养和精神面貌的外在表现。服饰比姿态、表情传递的信号更加引人注目。讲解人员与游客初次见面,首先映入游客眼帘的便是服饰,它直接关系到游客对讲解员第一印象的好坏。

1. 服饰语言的要素

构成服饰语言的要素有三个,即色彩、款式与质地,颜色给人的感觉最为敏感,故色彩是第一要素。讲解员的服饰要与职业相宜,着装不能过分华丽,饰物也不宜过多,否则将会给游客以炫耀、轻浮之感。

2. 正确着装的原则

(1) 整洁。

常洗常换,尤其是衬衣的领口和袖口要保持干净。袜子要常换,不要有异味。

(2) 协调。

上衣、裤子、鞋乃至帽子、围巾在色彩、质地上要协调,服装要与形体相称。

(3) 有风度。

不同的样式、线条和结构,组合起来会形成不同的风格,而风格同人的气质相关,体现为一定的风度。

3. 着装禁忌

讲解服务工作毕竟不是舞台表演,游客欣赏的是讲解员的气质、渊博的知识和良好的口才,服装所起到的是辅助作用。讲解员的服装要让游客感觉"得体",同时要方便工作。刺眼的装束容易使讲解员在谈话时感情冲动,难以和游客达成共识。讲解员服饰样式、品牌及色彩的选择,要充分考虑游客的心态,切记不能比游客的服饰华丽,也不能因服饰过于低端而被游客轻视。所以,在着装方面应该注意以下几点。

(1) 忌脏。

作为服务业从业人员的一分子,其职业形象是不允许不讲卫生的。因为干净整洁的穿着是现代礼仪的基本要求,也是对服务对象的起码尊重。讲解员的衣服要无异味、无异色、无异迹、无异物,尤其是领口、袖口部分,不要有异色露出,这会让别人心生不悦。配套的内衣、衬衫、袜子等要做到"一天一换"。

(2) 忌透。

讲解员工作时不允许选择面料太透的服饰,即使相对开放的欧美人士在公共着装上也是"笑透不笑露"的。

(3) 忌露。

作为在公众场合频频开口讲话的人,讲解员这一职业的实质既是为游客服务,也是为游客灌输和补充旅游知识,所以这一职业形象除了阳光、开朗、热情以外,也要求端庄大方。即便是在非常炎热或者暴晒的景区,着装也不能过于暴露,女士不穿超短裙、超短裤,不露乳沟、肚脐、腋毛、胸毛、腿毛等;男士不穿背心、短裤等。

（二）妆容语言

人和人之间第一次见面往往印象深刻的就是脸。每一个人不可能完美无瑕，现在我们就可以利用化妆来弥补一些我们天生的缺陷，让自己更漂亮，与此同时也让人变得更加自信。从现代社会礼仪的观点来看，女性化妆是美化自己，尊重他人，塑造良好职业形象的必要手段。对于讲解员来说，工作场所是各种公众场合，每天面对的是形形色色的游客，把自己修饰得精神振奋、清新自然是非常必要的，也是必需的。

作为讲解员，在日常的工作中只需要化淡妆，主要把握好以下三点：一是要美观，二是要自然大方，三是要与身份协调相符。

任务实施

以《这就是我》为题，按要求做一次两分钟左右的介绍。
1. 从上台前到离开讲台，注意各方面的礼仪。
2. 在介绍中应该增加相应的表情语言、姿态语言和手势语言。

活动目的
让同学们能熟练地运用无声语言。

活动要求
要求以小组为单位，每个小组选出两名同学进行展示。

活动步骤
小组内初选，再到班上进行比拼，由其他小组进行打分。

活动评价
在实践的过程中体会无声语言的魅力。

任务拓展

分小组模拟景区讲解员在景区带客讲解的过程，其他小组记录该小组无声语言用得好和不好的地方。

任务二　有声语言运用技巧

任务引入

说说下面的讲解词。
1. 这位小朋友居然知道这武侯祠攻心联的含义？
2. 峨眉山是中国四大佛教名山之一，是普贤菩萨的道场。
3. 明天早上八点准时出发。
请同学们感受不同的语音语调带来的不同效果。

任务剖析

一、走进有声语言

（一）有声语言的含义

有声语言是指以说和听为形式表达或接受思想、感情的口头语言。它是人们在社会交往中凭借语言传递信息、交流思想和感情的一种言语形式。

有声语言表达技巧指的是人们在说话中所使用的高超技能和巧妙的表达方法。它是在一般口语技能的基础上，经过反复训练，掌握了口语表达的规律，积累较丰富的经验，从而获得一定表述自由的结果。

有声语言以声音形式诉诸听众，受到时间和空间的限制，不具有存留性而具有临时性（不像书面语言借助文字存留），一经发出，无法再进行推敲和修改。因此，人们在说话时语音必须准确清楚，并恰当地掌握语调的高低升降变化，合理地安排停顿、重音及运用变化感情的一些特殊技巧，把一个个文字符号变成鲜活的话语，让听者获得声音美的享受。

（二）有声语言的基本要求

1. 准确

准确即发音准确，吐字清晰，用词用语正确规范，一方面指要合乎全民共同用语规范，另一方面还要合乎逻辑规范,即口语表达时一定要做到概念明确,判断准确。

2. 简洁

以最简练的语言输出最大的信息量,使听者在最短的时间内获得较多的信息。它包括紧扣话题,重点突出;逻辑性强,有说服力,不含糊其词。

3. 生动

要求语言生动形象,能够产生强烈的感染力和说服力。多使用形象化的语言,把抽象的、深奥的理论形象化、浅显化,使其绘声绘色。多使用幽默诙谐的语言,吸引听众,强调自己的主张,营造和谐的话语气氛。适当使用修辞,使语言更富有艺术感召力和表现力,增强有声语言表达的感情色彩,给听众留下深刻的印象。

4. 通俗

说话要让人听懂,因此,说话者需采用来源于生活、合乎人们的听觉习惯、通俗易懂的口语,尽量使听者感到亲切、自然。例如多用现代词汇、形象性词语,少用古语词、方言。

(三) 有声语言的技巧

讲解员在讲解的过程中,语音要准确规范。发声技巧主要有以下几个方面。

1. 稳定的气息

我们时常发现,有的讲解员讲解时,内容丰富,感情充沛,但演讲时间不长,声音就嘶哑了,不得已,只好把力量集中在喉头上,结果声带压力更大,最后变成了声嘶力竭的叫喊,大大削弱了讲解的感染力。

充足、稳定的气息是发音的基础。有了充足、稳定的气息,才能发出响亮持久的声音,而这又离不开正确的呼吸。

(1) 吸气。

吸气的时候,收紧小腹,整个胸部要撑开,尽量把更多的气吸进去。

(2) 呼气。

呼气的时候应该缓慢地呼出,在讲解中需要较长的气息,只有呼气又慢又长,才能满足时间的要求。

练习呼吸不是一日之功,长年累月每天坚持练习才会有不错的效果。

2. 恰当的语气

语气包含的内容是多方面的。当游客指出讲解员语气不对时,可能是指用词不当,句法欠妥;也可能是指态度不对,感情失真;还可能是指声音不合,气息失调。这三个方面,在有声语言中是互相制约、相辅相成的。其中尤以声音气息状态为重要环节。

讲解员的思想感情要通过有声语言,通过声音气息表达出来。不同的声音气息可以表达出不同的思想感情。

所有思想感情的表达,都不会是孤立的。在演讲过程中,经常是交错出现或"结伴同行"的,语气的感情色彩永远不会是单一的。不过,在综合运用中,又有主次之分,主要的感情造成主要的色彩,主次之间,有交替,有重叠。

3. 规范的发音

讲解员要说普通话,说普通话发音就必须正确、规范。讲解应该力求发音正确、规范,纠正错误读音的最好方法是经常查工具书。

4. 良好的共鸣

讲解时,声带受气息的冲击而发出声音,但音量很小,也不优美。这就要靠共鸣去扩大音量和美化音色。共鸣器官人人都有,但不是人人都会运用它、控制它,因此就需要通过训练,加强共鸣,使声音变得洪亮、圆润,传达得更远,蕴含感情。在讲解中,应注意以下几个方面。

第一,张大嘴巴说话。这样,口腔、咽腔、舌头放松,喉头处于吸气位置,整个发声通道畅通无阻,以获得最大限度的共鸣。

第二,控制舌头。舌头前部举得过高,口腔扁平,声音单薄;舌头下压过分,发音声道向前延伸,声音混浊不清。因此,关键是控制舌头。舌头的伸缩可以改变口腔的形状,对共鸣产生重要的影响。

第三,均衡协调。肌肉过于紧张,声音僵硬,没有弹性;肌肉过于松弛,声音不集中,没有力度。发声时应该保持均衡紧张的状态,还要注意协调。人们常常只注意控制自己的唇、舌、齿,而忘记控制咽肌。咽肌直接关系到软腭的闭合,不能协调运用,就造成"漏气"而出现鼻音。

发声的基本要求是:发声时喉部要放松,喉部放松了,声带就能振动自如,发声也轻松省力,声音自然悦耳动听,再借助适度的共鸣来扩大音量,美化音色。

二、语音技巧

语音就是指语言的声音。是由人的发声器官发出的,有一定的语言意义。这是语言具有感染力的硬件。男声浑厚如钟,女生清丽如铃,会使语言附着一种魔力而产生很好的收听效果。

语音由音高、音强、音长和音色四个基本要素构成。音高指声音的高低起伏,音强则指声音的强弱轻重,音长顾名思义则指每个字词的发音长短,而音色主要指我们每个人不同的嗓音条件。

每个字词的吐字发音是应该在"普通话"课程里面学习的内容,在此因为篇幅关系不再赘述。对于语音的技巧掌握,要做到以下三点。

(一)音节读准

简单来说,就是按照普通话的标准和规范来吐字发音,使发音正确。声调准确、字正腔圆。也就是说,按普通话的构成要求把汉字音节的声母、韵母、声调念准,进而读准每个常用的音节。因此,只要下功夫读准声母、韵母和声调,读准全部音节都是不难做到的事情。

当然,读准每一个音节后,不等于语音就规范了,还要进一步训练,既保持字词的自然读法,又在咬字上进行适当的加工,以便听众对讲出的每一个字词都能听得真切、清楚。

（二）音节协调

适当多用些双音节词、四音节词讲话或练习朗读，可以增强语言的响度和节奏感，读起来朗朗上口，听起来比较优美悦耳。运用拟声词、象声词也可使声音和谐，形象生动，达到声与形的有机统一，增添语言的表现力。

（三）韵调和谐

这里所说的"调"指的是声调。汉字一字一个音节，每个字又有四声即平仄之分。平声字和仄声字交错使用，可以形成声音的抑扬顿挫、高低相配、急缓相间、起伏相连，从而使声音刚柔兼济、协调和谐。

三、语调技巧

语调表示语句的高低升降变化，直接表明说话者的思想感情和态度，是语气外在的快慢、高低、长短、强弱、虚实等各种声音形式的总和。任何语言都少不了要用抑扬顿挫、起伏多变的声调和语调来表达和传达自己的情感。英语、法语、日语等语言如此，汉语更是如此。在现代汉语中，语调是以声调为基础的。每个音节都有四个音调（有的还有轻声），即阴平、阳平、上声、去声，这"四声"又分为"平声""仄声"。平仄的对应和交错就形成了语言的抑扬之美。古代汉语诗词歌赋都极讲究平等"格律"。现代诗文虽不讲"格律"，但说话和写文章同样需要讲究声音的节奏美。

在景区讲解活动中，书面讲解语言要讲究语调变化，口头语言则要善于运用语调变化，语调平平的导游词读起来缺乏活力，语调平平的导游讲解，听起来则缺乏生气，味同嚼蜡。

语调有高升调、平直调、降抑调、曲折调（先升后降或先降后升）四种。

（一）高升调

由低逐渐升高，语势呈上升趋势。常用于呼唤、号召、惊疑、反问等。情绪较紧张、激昂。可加强表达效果，引起听者注意。

（二）平直调

句调平直舒缓，没有太明显的高低升降变化。多用于表达内容分量较重的文句，以及一般叙述、说明或哲理性很强的语句。这种句调有利于把意思说得清楚、完整，显示较平静、庄严的态度和感情。

（三）降抑调

声音从高扬逐渐下降。一般用于情绪平稳的陈述句；坚决自信、肯定沉重的语气，感情强烈的感叹句；表达愿望的祈使句等。

（四）曲折调

先降后升或先升后降，往往把句中需要突出的词语加重、拖长、拐着弯念。曲调位置不完全在句末，常表达讽刺、含蓄、语意双关、意在言外等语句。可使语调起伏变化，提高话语的生动性，还可渲染话语的感情色彩，增强感染力。

四、语速技巧

语速，指的是讲话时字词的频率或者是讲话的速度。理论上的语速是一个可以量化的内容。它可以被量化为一个音节发音时间的长短，也可以量化为在某个单位时间内的吐字数量。后一种量化方式更为常见一些。

（一）语速的分类

笼统来讲，语速可以分为快、中、慢三个档位，中等语速通常指1分钟180字左右的语言速度，快于此速度的称为快语速，慢于此速度的称为慢语速。语速的快、中、慢速所传递出的情绪是不一样的。

1. 快速语速

一般包含欢呼、畅谈、争辩、斥责、快乐、焦急、慌乱、愤怒等情绪，语速较快。一般应控制在每分钟200个字左右。

2. 中速语速

表示一般的叙述、说明、议论，情绪平稳。中速控制在每分钟180个字左右。

3. 慢速语速

表示沉痛、悲伤的情绪，或暗示、嘲讽等意味。慢速控制在每分钟150个字左右。

（二）控制语速的注意事项

讲解语言速度的快与慢是相辅相成的，必须注意节奏急缓有致。讲太快了，连珠炮似的，听者竖起耳朵，集中注意力听，时间一长，精神高度紧张，特别容易疲劳，注意力自然就会涣散。相反，太慢了，不能给人以流利、舒畅的美感。一般来说，讲解的语速应该掌握在每分钟200个字左右。但对年老的游客要注意放慢语速，以他们听得清为准。在讲解中，尤为重要的是，要善于根据讲解内容控制语速，以增强讲解语言的艺术性。

五、停顿技巧

停顿是指语言顿挫，即词与词之间、句子与句子之间的间歇，是讲话时语言交流的行止技巧。

停顿的设置非常有必要：首先，人在生理上需要换气，人的呼吸一般为4秒或5秒一次，所以在说长句的时候中途是需要换气的；其次，停顿可以控制说话的节奏；再次，停顿可以帮助人准确地表情达意；最后，停顿有助于强调重点。

（一）停顿的分类

停顿是一种艺术，它决定着语音技巧50%的效果。停顿一般分为以下三类。

1. 语法停顿

在书面上以标点符号为标志。不同的标点符号，停顿的时间不一样。顿号停顿的时间最短，逗号、冒号、分号次之，句号、问号停顿的时间稍长。至于感叹号、省略号、破折号可以根据语句表达的情况作适当停顿，可长可短。

2. 逻辑停顿

逻辑停顿是为了表达某种感情，强调某一观点，突出某一事物而作的停顿。往往与逻辑重音相伴相随，停顿时间比语法停顿稍长。

3. 感情停顿

感情停顿是为表达某种复杂而激动的感情而作的停顿。它可以大大增强语言的生命力和感染力。在讲解过程中有一种等待游客了解的停顿。先说出令游客好奇的话，再停顿下来，使游客处于应激状态。例如："现在，这里仍保留着古人祭祀河神的习俗，他们每年都要举行一次祭祀盛典。举行仪式时，众人将一位长得十分漂亮的小姑娘扔进河水之中。"讲解员说到这里，故意停了下来。此时，游客脸上露出了惊疑的神情，难道如今这里还保留着如此野蛮不人道的风俗？停了一会儿，这位讲解员接着说："不过，这位姑娘是用塑料制作的。"游客们恍然大悟。恰到好处的停顿，能使后续的话语产生惊人的效果。

（二）停顿的误区

在说话过程中，人们在停顿技巧上容易犯三种典型的错误。

错误一是幻想能用没有停顿的快速语速掩盖紧张情绪，但往往会更紧张。

错误二是误解"一气呵成"的状态，所谓一气呵成是指讲话气势非常连贯，并非指不换气、不停顿。

错误三最为常见，就是常用有声停顿（"然后""啊""等于"）代替停顿，有声停顿是讲话大忌，有声停顿往往让听众感觉说话人的思维滞后，智商偏低，反应偏慢；或者让听众感觉说话者不够真诚坦率，吞吞吐吐。

任务实施

练习以下绕口令，分小组展示。

打南边来了个喇嘛，手里提拉着五斤鳎（tǎ）玛。打北边来了个哑巴，腰里别着个喇叭。南边提拉着鳎玛的喇嘛要拿鳎玛换北边别喇叭哑巴的喇叭。哑巴不愿意拿喇叭换喇嘛的鳎玛,喇嘛非要换别喇叭哑巴的喇叭。喇嘛抡起鳎玛抽了别喇叭哑巴一鳎玛,哑巴摘下喇叭打了提拉着鳎玛的喇嘛一喇叭。也不知是提拉着鳎玛的喇嘛抽了别喇叭哑巴一鳎玛,还是别喇叭哑巴打了提拉着鳎玛的喇嘛一喇叭。喇嘛炖鳎玛,哑巴嘀嘀嗒嗒吹喇叭。

任务拓展

练习以下文章,注意语速,分小组展示。

月光如流水一般,静静地泻在这一片叶子和花上。薄薄的青雾浮起在荷塘里。叶子和花仿佛在牛乳中洗过一样;又像笼罩着轻纱的梦。虽然是满月,天上却有一层淡淡的云,所以不能朗照;但我以为这恰是到了好处——酣眠固不可少,小睡也别有风味的。月光是隔了树照过来的,高处丛生的灌木,落下参差的斑驳的黑影,峭楞楞如鬼一般;弯弯的杨柳的稀疏的倩影,却又像是画在荷叶上。塘中的月色并不均匀;但光与影有着和谐的旋律,如梵婀铃上奏着的名曲。(摘自朱自清的《荷塘月色》)

项目小结

了解无声语言中表情语、姿态语等的相关知识,掌握讲解员应具备的无声语言使用规范。掌握有声语言的技巧及训练方法。

项目训练

一、知识训练

1.(单选)为了表达某种感情,强调某一观点,突出某一事物而作的停顿是( )。
   A.语法停顿 B.逻辑停顿 C.感情停顿 D.等待游客停顿

2.(单选)中等语速通常指1分钟( )字左右的语言速度。
   A.100 B.150 C.50 D.200

3.(判断)讲解时,声带受气息的冲击而发出声音,但音量很小,也不优美。这就要靠共鸣去扩大音量和美化音色。( )

4.(判断)首语,这里指头的动作表现出的意义。头为仪容的主体,它的位置应该平正闲适,不能偏侧倾斜。头部动作不宜过多,应与体态手势协调一致。( )

二、能力训练

实训一 表情语配合讲解训练

实训目的:通过实训能使学生掌握景区讲解技巧。

实训要求:

1. 使用普通话讲解。

2. 选择讲解的景区景点。

3. 重点突出,具有文化内涵。

4. 运用 2—3 种讲解技巧和方法。

5. 脱稿讲解。

6. 动作、表情大方得体。

7. 制作评分表。

8. 小组合作完成,分角色完成。

实训内容:角色扮演,每位同学模拟进行一次博物馆(室内)讲解接团工作,与游客初次见面,向客人作自我介绍(可以增加博物馆介绍的内容)。组员扮演游客。

实训步骤:

1. 分组:每组 5 人。

2. 分角色:每人轮流扮演一次讲解员,组员扮演游客。

3. 小组内互评。

4. 老师和小组间互评。

实训二　姿态语训练

实训目的:通过实训能使学生掌握景区讲解技巧。

实训要求:

1. 小组分工,分配任务。

2. 分析讲解对象。

3. 实训练习,小组内互评。

4. 老师和小组间互评。

实训的内容:按照实训步骤文本的要求,逐项练习一次坐姿、步姿。

实训步骤:

1. 分组:每组 5 人。

2. 组内排好顺序,依序做动作。

3. 注意讲解员姿态语的性别差异。

4. 组内互评。把有失误的姿态记录下来,班级内交流,提示全体注意。

5. 按照文本的要求,逐项练习一次坐姿、步姿。

实训三　有声语言训练

实训目的:通过实训让学生掌握有声语言技巧。

实训要求:

1. 讲解对象:普通游客。

2. 选择讲解的景区景点。

3. 重点突出,具有文化内涵。

4. 脱稿讲解。

5. 语言准确得体。

6. 制作评分表。

7. 小组合作完成。

实训内容：角色扮演，每组派一名同学模拟讲解，其他组员扮演游客，景点自选。

实训步骤：

1. 小组分工，分配任务。
2. 分析讲解对象。
3. 了解景区，收集整理资料，选择讲解景点。
4. 撰写、修改讲解词。
5. 讲解练习，小组内互评。
6. 模拟景点讲解。
7. 老师和小组间互评。

项目三
自然景观类讲解技巧

项目目标

职业知识目标：
1. 了解各类自然景观的基础知识。
2. 掌握各类自然景观的讲解技巧。

职业能力目标：
1. 了解各类自然景观的基础知识。
2. 能运用各类自然景观的讲解技巧，进行讲解词的创作，并能进行各类自然景观的讲解。

职业素养目标：
1. 认识各类自然景观，激发学生学习的热情。
2. 通过对各类自然景观的学习和了解增强学生的环保意识。
3. 通过对各类自然景观的讲解技巧的学习、讲解词的创作、各类自然景观讲解的练习，提高学生的职业素养和职业能力，为继续学习打下坚实基础。

知识框架

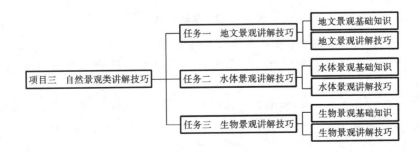

教学重点

1. 了解各类自然景观的基础知识。
2. 掌握各类自然景观的讲解技巧。
3. 能运用各类自然景观的讲解技巧,进行讲解词的创作,并能进行各类自然景观的讲解。
4. 认识各类自然景观,激发学生学习的热情,增强学生的环保意识。

教学难点

环保意识　讲解技巧　讲解词的创作　讲解练习

项目导入

小李在一次带团过程中听到一位游客讲述:拍摄影片《登上希夏邦马峰》的一位摄影师,行走在一片广阔而干枯的草原上,酷暑和干燥的天气使他疲乏不堪,正当他一筹莫展的时候,前方出现了一个湖泊(见图3-1),他欣喜若狂地朝湖泊的方向跑去,想打水煮饭。等他跑到那里一看,什么水源也没有……听了游客的叙述小李疑惑不解,为什么湖泊会不见了呢?

图 3-1　湖泊自然景观

问题1.上述案例中讲述的是什么自然景观?

问题2.在对客服务中为了避免出现小李这样的尴尬局面,我们应该怎么做?

问题3.作为讲解员,我们要怎样引导客人去欣赏自然景观的美,从哪些角度去审美?

任务一　地文景观讲解技巧

任务引入

在漫长的地球历史中,地壳(见图 3-2)从未停止其变化。山地不断受到剥蚀,会被夷平,沧海又会不断填充泥沙,成为桑田,坚硬的岩石会被风化破裂成为细粒,松散的泥沙又会形成新的岩石。地球上,没有一块岩石始终停留在原来的地方,更没有一种地貌保持着始终如一的形态,形成地壳的物质及地表形态永远处于变化之中,只是有些变化缓慢,在短时间内不易被人们发觉。这种地壳物质组成、地质构造和地表形态不断变化形成了丰富多彩的地文景观旅游资源。

图 3-2　地壳

任务剖析

一、地文景观基础知识

地文景观是指地球内、外营力综合作用于地球岩石圈而形成的各种现象与事物的总称。

存在于地球表面和表层,由岩石圈物质组成的景观类型。

(一)地文景观的主要类型

地文景观类资源包括地质构造类旅游资源和地貌类旅游资源。

1. 地质构造类旅游资源

因地壳构造变动、岩浆活动、古地理环境演变、古生物进化等因素而保存在岩层中的化石、岩体、构造形迹、矿床、地貌景观等景象,具有观赏、科学研究与普及教育价值,对游人产生某些吸引力,这便是地质构造类旅游资源(见图3-3)。地质旅游资源按成因可分为地质构造旅游资源、典型的标准地层剖面旅游资源、岩石与矿物旅游资源、火山与地震遗迹旅游资源、古生物化石旅游资源等。

图3-3 地质构造类旅游资源

2. 地貌类旅游资源

地貌也称"地形",是地表(包括陆地和海底表面)各种形态和形态组合的总称,由内营力(地壳运动、岩浆活动等)和外营力(流水、冰川、风、波浪、海流、浊流等)相互作用而成。岩石是其形成的物质基础,按形态有山地、丘陵、高原、平原、盆地、谷地等;按成因分为构造地貌、侵蚀地貌、堆积地貌等,主要有山地景观旅游资源、峡谷景观旅游资源、岩溶地貌旅游资源、干旱风沙地貌旅游资源、黄土地貌旅游资源、丹霞地貌旅游资源、冰川地貌旅游资源、火山与熔岩地貌旅游资源、海岸与岛礁旅游资源等。地貌类旅游资源如图3-4所示。

(二)地文景观的功能

地质地貌所表现出来的千姿百态,可以给人以多种形态的感受,各种地质地貌的形成、发展具有一定规律,有一定原理,有的人们已经对其有所认识,有的尚待人们去探索,在不断

图 3-4 地貌类旅游资源

的学习、认识、开发中,奇特的地质地貌形态启发人们的智慧,吸引人们进行参观游览、科学考察、探险等旅游活动。

1. 审美与文化功能

地文景观以其雄、奇、险、幽、旷等形态美和多样的色彩美而展示其特有的美感,成为旅游活动中重要的审美对象,吸引着旅游者,使他们获得美的享受。同时,地文景观不仅是单纯的自然景观,而且还具有深厚的历史文化内涵,这为自然旅游资源的深度开发提供了条件。我国古代文人墨客多有寄情自然,借助书画来抒发自己情怀、志向的传统,因此,凡名山大川,多留有古人诗词题赋。

2. 康体、休闲、娱乐功能

地质地貌这些特殊的地貌空间载体成为吸引游人开展旅游活动的重要因素。那些具有一定相对高度的山地,可以开展登山旅游活动;广阔优质的海滨沙滩,是优良的海滨沙滩体育运动及水上游乐项目必备的条件;具有一定起伏的地形,可以开展赛车体育活动;特殊的地形条件可以满足高尔夫球场、山地滑雪、登山、攀岩等活动;喀斯特溶洞,既可观光游览,又可作为避暑休闲的场所。

3. 科普教育、科学考察、探险功能

地文景观旅游资源是大自然的杰作,它们的形成、发展都有一定的规律性,并蕴含着一定的科学原理。人们在观赏过程中,既能得到美的感受,又能认识一些科学事物,学到新的科学知识,受到教育的启迪。然而,地球表面还有许多人迹罕至之处,还有许多藏在深闺人未知的地质地貌旅游资源有待人们的探寻、考察、认识和开发。

二、地文景观讲解技巧

(一) 地文景观的讲解要领

1. 地文景观的成因

由于内、外营力在各地区及不同时间内的组合、作用强度、表现形式不同,各地区的地质构造、山地岩性不同,因而形成了千差万别的地貌形态。不同的地质地貌条件影响到自然环境,进而提供不同的旅游环境。地质地貌可能构成一个自然风景区的骨架,可能是许多自然旅游资源形成的必要条件,或单独成景,直接成为旅游资源。所以,在景区讲解过程中有必要向游客讲清楚该景区地质地貌的成因、特点以及其价值和地位等。

2. 地文景观的形态美

地质地貌表现出来的千姿百态的形态,可以给人雄、奇、险、秀、幽、旷等多种形态美的感受,甚至还有声、色的美感享受。这些形态美是一个景区、一类地文旅游资源的灵魂。在景区讲解过程中,讲解员要正确引导旅游者去感受和体验。

3. 地文景观的人文内涵

地文景观旅游资源在拥有天赋的自然美基础上,千百年来人类的开发与维护,文人骚客的诗词歌赋,大师僧侣的驻足留迹,使得这些地文景观在人文烘托之下,具有丰富的历史内涵,同时还留下了许多动人的神话典故、传说、轶事、事迹。所以,讲解员必须全面掌握与景观相关的科学及文化常识,这既有利于提高讲解员自身的文学修养与品位,又有利于游客对景观的深入领会。

4. 地文景观的效用

不同的地文景观在旅游活动中发挥着不同的功能和作用,比如,低山、丘陵、平原、高原适合开发观光型的旅游产品;高山则适合开发攀登探险、科学考察型的旅游产品。

(二) 地文景观的讲解方法与技巧

不同的地文景观,不同的时节,不同的游客,讲解的方法也有所不同。地文景观讲解方法多种多样,贵在灵活。讲解员在讲解过程中,要根据游客的游兴和精神状态适时开展讲解。在地文景观讲解中,常用到的讲解方法与技巧如下。

1. 地文景观概况成因的讲解

对地文景观概况成因的讲解主要采用引用法、数字法、虚实结合法、陈述法、解释法、画龙点睛法、名人效应法等。讲解时间不宜过长,注意有声语言和无声语言的配合,使游客对景区有初步的认识,激起游客的游兴。

▶ **典例:**

各位游客,大家好!欢迎来华山(见图 3-5)观光旅游!希望我们一同愉快地度过华山

图 3-5　华山

之旅。

　　华山地处陕西省华阴市境内，北临渭水、黄河，南接秦岭，东出潼关，与河南、山西两省相接，是一个鸡鸣三省之地，西有古都西安，东有古都洛阳，物华天宝。自古以来就是出帝王、出文人的"人杰地灵"之地。华山是秦岭山脉东部的一个支脉，早在七亿年前就已经形成，属于断层上升岩块形成的块状山地貌，自古称"西岳"，它横空出世，挺拔峻峭，雄伟壮观。五座主峰高耸云表，好似一朵盛开的莲花，神采飞扬。

　　五座主峰分别为东峰（朝阳峰）、西峰（莲花峰）、南峰（落雁峰）、北峰（云台峰）、中峰（玉女峰），其中，南峰最高，海拔 2160.5 米，北峰最低，海拔 1614.7 米。北魏地理学家郦道元在《水经注》中说华山"远而望之，又若花状"。在古汉语中，"花""华"通用，故而称作华山。

　　据清代学者顾炎武先生考证，我们的祖先轩辕黄帝曾活动在华山和山西夏县一带的黄河流域，所以中华民族也称华夏子孙。故而"中华"之"华"是因华山而得名，华山成为中华民族的精神写照。可以这么说，黄河是母亲河，华山是父亲山。

　　华山是如何形成的？先来一段神话传说：相传大禹治水时，处处有人神相助，当黄河之水引出龙门，来到潼关时，又被两座高山挡住去路，大禹不禁叹息起来，巨灵大神在天庭听到大禹的叹气，立即腾云驾雾来到大禹身边，表示愿助他一臂之力。只见巨灵大神紧紧抓住南面一座山的山顶，山瞬间被掰裂成两半，然后顺势用脚蹬开了北面那座山，黄河水趁势从这裂口中流了过去。这南面分成两半的山，高的一半就是华山，低的一半就是太华山。李白有诗云"巨灵咆哮掰两山，洪波奔流射东海"。现代科学家这样认为，华山是由于几千万年前秦岭和渭河平原交界地带断裂，引起南北两侧层带的错动，内部岩层受到巨大的向横压力而形成陡峭的山势。

　　华山的奇和险闻名于世。华山有"五大奇观"，即"奇石""奇树""奇水""奇洞""奇路"。华山石奇，因为这座山就是由一块完整的花岗岩石经过地壳运动和风雨剥蚀而形成了千姿百态的景致；华山树奇，因为许多古老而粗壮的松树或生长在石缝里，或生长在悬崖上，不屈不挠，茁壮顽强。而且许多树或像兄弟，或像姐妹，或像夫妻，表现出了极高内涵的人文精神。还有"奇水""奇洞""奇路"，到山上我会给大家一一介绍。

💡 想一想

例文中讲了华山哪些方面的内容？你有没有更好的讲解方法和内容？

✏️ 做一做

（1）找出例文中采用的讲解方法。
（2）改写例文，并进行讲解练习。
（3）选用恰当的讲解方法对其他地文景观景区的概况成因进行讲解词创作，并进行讲解练习。

2. 地文景观形态美与人文内涵的讲解

对地文景观形态美和人文内涵的讲解是景区讲解的中心和重点，在讲解中往往是穿插交错进行的，游览讲解中也需对地质成因等内容进行补充和说明介绍。讲解的方法可以采用分段讲解法、陈述法、数字法、类比法、解释法、引用法、虚实结合法、画龙点睛法、制造悬念法、突出重点法、问答法、联想法等。讲解时注意语言的运用，增强互动性，吸引游客的注意力，引导游客发挥想象，促使游客思考，激起游客的兴趣。讲解中还要突出科普性，以及对生态环境的保护。

▶ 典例：

各位游客，我们都知道泰山（见图 3-6）实际海拔高度并不太高，在五岳中次于恒山、华山，位于第三位。与全国的许多大山都不能比。但它为什么能成为赫赫于古今的"五岳之长""五岳独宗"而独享盛名呢？这就要从泰山的地理环境和原始宗教谈起。

我们先来说说泰山的地理环境。泰山崛起于华北平原之东，凌驾于齐鲁平原之上，东临烟波浩渺的大海，西靠源远流长的黄河，南有汶、泗、淮之水，与平原、丘陵相对高差 1300 米，形成强烈的对比，因而在视觉上显得格外高大，形成了"一览众山小"的高旷气势；山脉绵亘 100 余千米，盘卧 426 平方千米，其基础宽大而产生安稳感，形体庞大而集中产生厚重感，大有"镇坤维而不摇"之威仪。所谓"稳如泰山""重如泰山"，正是其自然特征给予人们的生理、心理反应。

从古到今，人们总把泰山作为一个高大、美好、高尚、坚毅的形象，热情地加以歌颂。公元前二世纪，司马迁在他的《报任少卿书》中就写道："人固有一死，或重于泰山，或轻于鸿毛。"

毛主席曾引用了司马迁的这句名言教导人们："为人民利益而死，就比泰山还重。"这种把泰山精神与人生的意义、人生观紧密联系起来的做法，在教育人民方面发挥了很大作用。

六朝任昉《述异记》载，秦汉时，民间传说盘古氏（远古时开天辟地，代生万物的神人）死后头为东岳，左臂为南岳，右臂为北岳，足为西岳。盘古尸体的头向东方，而且化为东岳，泰

图 3-6 泰山

山就成了当然的五岳之首。这显然是根据《五行》《五德》学说创作的神话故事,反映了泰山独尊五岳的历史背景。

东方是太阳升起的地方,古人认为是万物交替、初春发生之地。因此,东方就成了生命之源、希望和吉祥的象征。而古代先民又往往把雄伟奇特的东岳视为神灵,把山神作为祈求风调雨顺的对象来崇拜,于是,地处东方的泰山——这个通天拔地的庞然大物便成了"万物孕育之所"的"吉祥之山""神灵之宅"。

受天命而帝王的"天子"更把泰山看成是国家统一和权力的象征。为答谢天帝的"授命"之恩,也必到泰山封神祭祀。商周时期,商王相士在泰山脚下建东都,周天子以泰山为界建齐鲁;传说中,秦汉以前,就有 72 代君王到泰山封神,此后秦始皇、秦二世、汉武帝、汉光武帝、汉章帝、汉安帝、隋文帝、唐高宗、武则天、唐玄宗、宋真宗、清帝康熙、乾隆等古帝王接踵到泰山封禅致祭,刻石纪功。

历代帝王借助泰山的神威巩固自己的统治,使泰山的神圣地位被抬到了无以复加的程度。伴随着历代帝王的封禅祭祀,泰山成了各种宗教流派活动的重要场所。早在战国时期就有了黄伯阳修道于山后,以后历代著名道家名人都曾在泰山传经布道,建观筑庙。佛教自东晋高僧郎公创建郎公寺开始,在泰山也不断发展。

想一想

例文中讲解了泰山的哪些内容?你有没有更好的讲解方法和内容?

做一做

(1) 找出例文中采用的讲解方法。
(2) 改写例文,并进行讲解练习。
(3) 选用恰当的讲解方法对其他地文景区的形态美与人文内涵进行讲解词创作,并进行讲解练习。

3. 地文景观结尾的讲解

在游览结束时,讲解员可以引用名人对景观景点的点评、名人故事、历史故事等进行总结性讲解,提升游客对景观景物的认识。讲解中可选用的方法有名人效应法、引用法、画龙点睛法、陈述法等。

▶ **典例:**

先生们,女士们,峨眉山真是太美了,不管是白昼还是黑夜你都能观赏到神奇的景观。但愿峨眉山的雄、秀、神、奇,能永远留在你们的记忆之中。

💡 **想一想**

还可以用哪些方法来结尾?

✏️ **做一做**

(1)选取1—2种讲解方法改写例文。
(2)对你感兴趣的地文景观进行结尾讲解词创作。

任务实施

国庆节期间有一个从北京来的中学生旅游团,他们对峨眉山的人文地理十分感兴趣,要对峨眉山进行深度游览。如果你是接待这个团队的讲解员,你要怎样带领同学们进行深度游览?

🎯 **活动目的**

将本任务所学地文景观理论知识和讲解方法与技巧灵活运用。

✈️ **活动要求**

1. 教师课前布置任务,学生查阅相关资料并整理出符合团队游览要求的讲解内容。
2. 学生根据团队游览要求选择景区的某一景点进行脱稿模拟讲解。
3. 普通话标准、口齿清晰、音量与语速适中、语调要抑扬顿挫。
4. 在讲解中要用到2—3种讲解方法和技巧。
5. 结合导游实务技能知识。
6. 全员参与,小组合作完成。

✋ **活动步骤**

1. 小组分工,分配任务。
2. 了解游客需求。

3. 了解景区，收集资料。
4. 结合游客需求和景区人文地理资源选择游览点，撰写讲解词，并进行讲解练习准备。
5. 小组合作完成一次模拟讲解接待任务。

活动评价

对小组活动进行评价(见表3-1)。

表 3-1 评价表

评价项目	自我评定	同学评定	老师评定
团队协作意识(2分)			
创新创意能力(1分)			
讲解技能技巧(6分)			
总体印象(1分)			
总评得分			

任务拓展

中国地文景观介绍

我国位于亚洲东部，太平洋沿岸，大多处在中纬度地带，南北延伸5500千米，跨纬度约50度；东西距离5200千米，跨经度将近62度。地质地貌复杂多样，千差万别，不论是名山、胜水、峡谷、洞穴，还是江河、湖泊、飞瀑、流泉，都具有很高的科学价值。地表各种地文景观的形成和演变，直接受地层和岩石、地质构造、地质动力等因素的影响与控制。地文景观主要是在自然环境的影响下，地球内力作用和外力作用共同形成的。它包括山岳形胜、喀斯特地貌、风沙地貌、黄土地貌、海岸地貌、特异地貌、地质现象等类型，具有重要的地文科学价值。

1. 山岳形胜

在所有的地文景观类型中，最吸引旅游者的是多样的山地景观。名山是山地中一种独特的地理实体，也是富有综合美的自然景观实体，多分布在我国东部地区。富有雄、奇、险、秀、幽、旷等美学形象特征。名山既是历史文化遗存，又是自然的产物，除了作为旅游观赏、文化教育的场所，作为科学研究和普及知识的"户外博物馆"，还是具有科学价值的宝贵遗产。我国名山大川众多，其中，黄山、华山、衡山、崂山、祁连山、庐山、泰山、九华山(见图3-7)、安徽天柱山、贺兰山、天台山是花岗岩形成的山体，一般主峰突出，山岩陡峭险峻，气势宏伟，多奇峰、深壑、怪石，奇峰异峦形成千姿百态的天然岩石造型。此外，如厦门鼓浪屿的万石山、浙江普陀山、海南天涯海角和鹿回头等都属于花岗岩名丘。

图 3-7 九华山

砂岩一般化学性质稳定,抗风化力较强,又易于雕琢,也常是摩崖石刻的优先选材选址区,如洛阳龙门石窟、大同云岗石刻、南京栖霞山千佛岩石窟等,都是以砂岩为物质基础的。另外,砂岩结合当地其他自然条件,可以塑造出各种造型景观。如新疆吐鲁番的火焰山就是由红色砂岩构成。红色砂砾岩等形成的赤壁丹崖的地貌称为"丹霞地貌"。如广东丹霞山、福建武夷山、江西龙虎山、安徽齐云山等,丹霞山世界地质公园位于中国广东省韶关市东北部,已经成为全国乃至世界丹霞地貌的研究基地、科普旅游基地和教学实习基地。

2. 喀斯特地貌

我国喀斯特地貌分布广泛,喀斯特地貌为我国的旅游业带来无限生机,且我国喀斯特地貌类型多样,是进行科学研究的宝贵财富。我国的喀斯特地貌主要分布于我国西南地区的云南、广西、贵州等省区。中国南方喀斯特由云南石林的剑状、柱状和塔状喀斯特,贵州荔波的锥状喀斯特(峰林),重庆武隆的以天生桥、地缝、天坑群等为代表的立体喀斯特共同组成。第 31 届世界遗产大会经过审议,同意将云南石林、贵州荔波和重庆武隆"捆绑"申报的"中国南方喀斯特"列为世界自然遗产。我国主要的喀斯特景区有云南路南石林风景区、荔波茂兰喀斯特原始森林、武隆天生三桥、芙蓉洞、后坪天坑三大世界自然遗产景区、桂林山水和阳朔风光、广东肇庆七星岩七座石灰岩山峰、黄果树瀑布景区、紫云格凸河、织金洞风景名胜区、九寨沟、黄龙风景区等。图 3-8 所示为黄龙五彩池。

3. 风沙地貌

风沙地貌包括风蚀地貌(包括风蚀柱、风蚀蘑菇、风蚀垄槽、风蚀城堡等)和风沙地貌(风沙堆积作用形成的沙丘和戈壁)。风沙作用以干旱地区最为活跃,主要分布在北纬 35 度至 56 度之间的内陆盆地、高原,形成了一条西起塔里木盆地,东到松嫩平原西部,长 4500 千米,宽约 600 千米的沙漠带,广布于我国西北地区。从青海的鱼卡向西通往南疆的公路沿途非常荒凉,在南八仙到一里平公路道班之间都可以看到"雅丹地貌",是西北内陆的最大一片

图 3-8　黄龙五彩池

"雅丹地貌"分布区,但新疆的雅丹地貌分布最多,以罗布泊西北楼兰附近最典型。沙漠和风蚀地区虽然气候严酷,但也是有潜力发展旅游的地区。浩瀚的沙漠、沙漠绿洲、风蚀城堡、风蚀蘑菇、响沙等形形色色的风沙地貌都是具有吸引力的旅游内容。游客在这里游览沙漠、戈壁、峡谷、胡杨,研究岩画、古生物化石、宗教文化,在休闲度假的同时接受生动的科普教育。我国主要的风沙地貌景区有新疆乌尔禾风蚀地貌、中国敦煌月牙泉的鸣沙山、宁夏中卫的沙坡头、塔克拉玛干沙漠、巴丹吉林沙漠、阿拉善沙漠国家地质公园、罗布泊和古楼兰雅丹地貌等。图 3-9 所示为乌尔禾魔鬼城。

图 3-9　乌尔禾魔鬼城

4. 黄土地貌

我国有世界上最大的黄土高原,黄土地貌景观(见图 3-10)主要有地势平缓的黄土塬、长条状的黄土梁和支离破碎的黄土峁等地貌。其范围北起阴山山麓,东北至松辽平原和大、小兴安岭山前,西北至天山、昆仑山山麓,南达长江中、下游流域,面积约63万平方千米。其中以黄土高原地区最为集中,占中国黄土面积的72.4%。一般厚50—200米,发育了世界上最典型的黄土地貌,主要是由风力从西北广大沙漠地区搬运而来的第四纪堆积物,质地均一,富直立性而垂直节理发育,因此最易被流水侵蚀而流失,形成了举世罕见的黄土地貌科技旅游资源。陕西洛川黄土国家地质公园位于陕西省延安市南部洛川县境内,以黄土剖面和黄土地质地貌景观为特色,并伴有脊椎动物化石,保存有典型的黄土景观遗迹,剖面出露清楚、地层连续完整,记录了第四纪以来古气候、古环境、古生物等重要的地质事件和地质信息,是研究中国大陆乃至亚欧大陆第四纪地质事件最为典型的地质体,同时也是一处有地质科研、教学、科普及观光的多功能旅游景区,保存有世界上极特殊的典型黄土地质遗迹。

图 3-10 黄土地貌景观

5. 海岸地貌

海岸地貌(见图3-11)包括海蚀地貌、海积地貌、岩石海岸、沙质海岸、红树林海岸、珊瑚礁海岸等多种形态。我国的海岸科技旅游资源主要分布在山东半岛、辽东半岛及杭州湾以南的浙、闽、台、粤、桂、琼等省份。钱塘江口以北,以泥沙质海岸为主;钱塘江口以南,以基岩海岸为主;北回归线以南的部分海区,还发育了生物海岸。我国海岸地貌景区有大连小平岛、黑石礁基岩海岸,广东汕头的达濠岛,海南三亚湾海积地貌,青岛汇泉湾沙质海岸,南海的西沙群岛、南沙群岛珊瑚岛和澎湖列岛火山岛等。

6. 特异地貌

特异地貌是指世界上较为罕见的地貌景观,如中国贵州以地缝、天坑、峰林三绝著称的马岭河地缝裂谷景观、福建鸳鸯溪白水洋水下石板广场、云南元谋土林等。另外,还有些是自然灾变遗迹,如火山、地震遗迹等。

火山作为一种自然科技旅游资源,正吸引着越来越多的游客。火山喷发形成的玄武岩有的形成环形山或火山口湖,有的形成火山熔岩石林、熔岩洞穴隧道,如我国的吉林长白山火山、云南腾冲火山等。玄武岩柱状节理发育形成六边形石柱,如广东湛江的硇洲岛有我国

图 3-11　海岸地貌景观

最大的玄武岩石柱林，还有南京桂子山、福建澄海牛首山等。近代曾喷发过的火山，以黑龙江省五大连池火山岩熔景观最为典型，被称为天然火山博物馆。除此之外，历史上发生地震留下的遗迹有海南琼山东寨港、澉州的海底残村，唐山现保留的原唐山市第十中学、河北矿冶学院图书馆、唐山钢铁公司俱乐部等，是重点保护项目，以教育后人。图 3-12 所示为云南元谋土林。

图 3-12　云南元谋土林

7. 地质现象

由于地质作用，地球上呈现出丰富多彩的地质景观，主要有以下几种类型。

（1）典型地质构造。

地质构造景观主要是受地球内力作用所致,典型的地质构造景观不仅具有很重要的科学研究价值,而且具有很高的观赏性,因此成为重要的科技旅游资源。主要包括断裂构造遗迹和褶皱构造遗迹两类。前者较为著名的有张家界砂岩峰林,后者典型的有喜马拉雅山。

(2) 典型的标准层性地质。

国内主要有云南昆明晋宁梅树村前寒武纪地层剖面,它被誉为中国第一个国际地质剖面,另外还有辽宁大连金石滩震旦纪、寒武纪沉积岩剖面,内蒙古董省区三叠系——中侏罗统剖面等。

(3) 观赏性岩石。

在岩石的不同类别中,岩浆岩是山岳景观的核心,如泰山、华山、崂山、三清山、千山、衡山、祁连山等著名山体均为花岗岩山体;最具观赏价值的沉积岩是由红色砂岩层形成的丹霞地貌,如广东韶关的丹霞山、福建泰宁的大金湖、福建武夷山、江西鹰潭的龙虎山等。

(4) 古生物化石。

古生物化石指的是保存在地层中的地质时期的生物遗体、遗骸及这些生物活动的遗迹、遗址的统称。由于其具有科普教育价值和较强的观赏性,因此成为重要的科技旅游资源。这种类型的科技旅游资源主要在自然历史博物馆中展开,如中国地质博物馆、北京自然博物馆、四川自贡恐龙博物馆、山东山旺古生物化石博物馆等。图 3-13 所示为恐龙化石。

图 3-13 恐龙化石

地文景观以其雄、奇、险、幽、旷等形态美和多样的色彩美而展示其特有的美感,同时地文景观不单是单纯的自然景观,而且还具有深厚的历史文化内涵,因此,其具有极佳的鉴赏价值,这为自然旅游资源的深度开发提供了条件。人们在观赏过程中,既得到美的感受,又能认识一些科学事物,学到新的科学知识,获得教育的启迪。

任务二　水体景观讲解技巧

任务引入

水是自然界分布较广、较活跃的因素之一,是无处不在的。它不仅存在于水圈,在大气圈、生物圈、岩石圈均可见到水。水又是地球上最奇妙的物质,它是地球上以所有三种聚合态——液态、固态、气态存在于自然界的唯一物质,它们在地质地貌、气候、植被及人类活动等因素的配合下,形成不同类型的水体景观,给人们不同的感受、不同的体验、不同的美感,成为自然旅游资源的重要组成部分。

任务剖析

一、水体景观基础知识

水体景观是指以自然水体为主构成的景观。凡能吸引旅游者进行观光游览、体验、参与的各种水体及水文现象,我们都可视为水体旅游资源。

(一) 水体景观的主要类型

水体旅游资源按水体性质、基本形态、使用价值及潜在功能,可以分为以下几个方面。

1. 江河景观旅游资源

江河是地表现形集水洼地。陆地上河川纵横交织,不计其数。众多的江河不仅可以灌溉、航运、发电,而且有些江河自身成景或与其他景观结合构成著名的江河景观旅游资源。比如中国的长江三峡、桂林漓江、富春江,欧洲的多瑙河,美洲的亚马孙河等。图3-14所示为黄河景观。

2. 湖泊景观旅游资源

湖泊是陆地上的洼地积水形成的水体。地球上的湖泊总面积占全球陆地面积的1.8%左右。湖泊具有灌溉、航运、养殖、调节江河径流量、调节气候等功能,是一项宝贵的自然资源,是水体旅游资源的重要组成部分。湖泊种类很多,按成因可分为构造湖、堰塞湖、火山口

图 3-14　黄河景观

湖、河成湖、海迹湖、风蚀湖、冰川湖、人工湖；根据湖水的矿化度可分为淡水湖、咸水湖、干盐湖。我国著名的湖泊景观有吉林松花湖、无锡太湖、杭州西湖、大理洱海、阿尔泰山喀纳斯湖等。图 3-15 所示为玛旁雍错景观。

图 3-15　玛旁雍错景观

3. 瀑布景观旅游资源

瀑布在地质学上叫跌水，即河水在流经断层、凹陷等地区时垂直地从高空跌落的现象。瀑布景观是水景中的一个重要组成部分，其或飞流直下，或轻垂崖边，或绿树掩映，或层层叠叠，仪态万千，给人无尽的动态美感，形成形、色、声美学效果。

瀑布有多种类型，划分方法多样。按瀑布水流量的洪枯多寡可分为常年瀑布、季节性瀑布和偶发性瀑布；按瀑布跌水次数可分为单级瀑布和多级瀑布；按瀑布产生的环境条件差异可分为江河干支流瀑布、山岳溪涧瀑布和地下飞瀑；按瀑布分布特点可分为孤立型瀑布和群体型瀑布;按瀑布的成因可分为构造瀑布、堰塞瀑布、差异侵蚀瀑布、喀斯特瀑布、悬谷瀑布等。

4. 泉水景观旅游资源

泉是地下水的天然露头,或者地下含水层露出地表的地点。泉水为人类提供了理想的水源,同时也构成许多观赏景观和旅游资源,如理疗泉、饮用泉等。泉的类型多种多样,按水流状况不同可以分为间歇泉和常流泉;按水流温度不同可以分为冷泉、温泉、热泉及沸泉;按泉水的矿化程度不同可以分为矿泉和淡水泉;按泉水的奇异特征可分为喊泉、笑泉、乳泉、盐泉、珍珠泉、含羞泉等。

我国的泉分布十分广泛,种类也非常丰富,泉的总数不计其数,各地名泉不胜枚举。著名的泉有济南趵突泉(见图3-16)、镇江中冷泉、杭州虎跑泉、无锡惠山泉、苏州观音泉、北京玉泉、扬州大明寺泉、上饶陆羽泉、荆山白乳泉、大理蝴蝶泉、庐山谷帘泉等。

图3-16 趵突泉

5. 海洋景观旅游资源

海洋是世界最大的水体,约占地表总面积的71%。奇特的海岸、多变的海景、丰富的海洋生物、适宜的气候、充足的阳光对游人极具吸引力,成为游人观光、疗养、度假、避暑、水上活动的好去处,更为人们提供了一个海底观光探秘的胜地。

由于海洋旅游资源的开发利用大多在海洋的边缘部分,目前大多数旅游活动都集中在大陆边缘的海岸和岛屿,所以,海洋景观主要是与海岸和海岛合为一体的复合景观。比如,"壮观天下无"的钱塘江大潮,"东方夏威夷"的海南三亚亚龙湾的珊瑚景观和新月形沙滩,"夏都"北戴河的迷人风光;世界上著名风景海域有美国夏威夷以"沙滩、浪花、排排棕榈树"著称的瓦湖岛威基基海滩,以"天蓝色海岸""绿宝石海岸""金色海岸""太阳海岸""光明海岸"等美丽的名字闻名遐迩的地中海各段。

（二）水体景观的功能

水体，以其特有的魅力，成为旅游资源的重要组成部分。水体，以其多样性的美感，使人心驰神往，吸引着无数游客。水体，以其可观赏可体验的多种形式，构筑起自身独特的价值。

1. 审美与文化功能

水体景观以其形、声、色、影、态变化多样的形态风韵展示其特有的美感，成为旅游活动中重要的审美对象，吸引游人前往观赏。古往今来，不少文人墨客以秀丽的江河湖泊、雄伟壮观的瀑布为对象，吟诗作赋，写下了许多流传至今的优美诗篇。比如大家熟知的大诗人李白："飞流直下三千尺，疑是银河落九天。"大文豪苏轼："水光潋滟晴方好，山色空蒙雨亦奇。欲把西湖比西子，淡妆浓抹总相宜。"王维："明月松间照，清泉石上流。"以及一些摩崖题刻、传说等，形成了丰厚的文化积淀、浓郁的文化氛围，提高了观赏价值。

2. 康体、度假、疗养功能

泉、湖泊、海滨等都具有疗养功能。这些水体中富含多种矿物质，通过对人体的药理和化学生物作用，使其具有治病养生的功效。目前，世界各地利用矿泉和温泉治病健身的越来越多，成为著名的度假疗养胜地。湖泊海滨胜地以其形、声、色、奇等因素吸引游人前往观光外，舒适的环境和清新的空气成为人们消夏避暑、休养度假的好去处，此外，还可以开展多种水上体育活动。

3. 品茗、酿造功能

"扬子江中水，蒙山顶上茶"，白居易这一句茶与水的配合，乃是茶道千载追求的最高境界，可见，茶与水的关系密切。我国几千年的传统饮食习惯，使人们既重视茶叶的质量，也重视水的质量。名茶须用好水，已成为人们的共识，正如龙井茶只有虎跑水才能泡出它独特的茶香，而被世人合称为"西湖双绝"。

俗话说，"好水酿好酒""名酒必有佳泉"，中国的许多名酒佳酿使用的都是优质水体。比如，泸州老窖的"龙泉井"、洋河大曲的"美人泉"、剑南春酒的"诸葛井"，茅台选用赤水河上游的干净河水。

二、水体景观讲解技巧

（一）水体景观的讲解要领

1. 水体景观的美学要素

水本来是无色透明的，但在不同的地理环境下，与不同物质结合，呈现出形、声、色、味、影、态等变化多样的美，吸引游人前往观赏。不同类型的水体，美的风格不同；即使是同一类型的水体，与不同条件结合，美的形式也不同。所以，在景区讲解过程中，讲解员要掌握水体的这些美学要素和特征，引导游客去发现美，欣赏美。

2. 水体景观的人文内涵

水是中国文学创作的重要题材。古往今来,不少文人墨客以秀丽的江河湖泊、雄壮壮观的瀑布为对象,吟诗作赋,写下了许多流传至今的优美诗篇。一些摩崖题刻、传说等,形成了丰厚的文化积淀,浓郁的文化氛围,提高了观赏价值。同时,水在中国的社会发展历程中留下了不可磨灭的印记,中华民族的发源、生存和发展都与水息息相关。大禹、李冰、史禄、郑和,京杭大运河、坎儿井、华清池,历史的影子,真实地投射在水里,至今仍然历历在目。

3. 水体景观的效用

水是自然界最重要、最基本的资源,在人们的生产生活中起着重大作用。同样,作为水体景观,在旅游活动中起着重要作用,比如,审美、休闲娱乐、度假保健、医疗、品茗酿造等。

(二)水体景观的讲解方法与技巧

1. 水体景观景区概况的讲解

对水体景观景区概况的讲解主要是使游客对景区有初步的认识,激起游客的游兴,所以,讲解时间不宜过长,概括性地告诉游客景区的地理位置、特色、价值、地位等内容。讲解方法可以采用引用法、数字法、类比法、虚实结合法、陈述法、问答法、画龙点睛法等。

▶ 典例:

"黄山归来不看山,九寨归来不看水""人在景中走,身在画中游",这就是被人们誉为"童话世界"的九寨沟,以著名的水体风光扬名海内外。1992年12月,被联合国教科文组织正式列入《世界自然遗产名录》;1997年12月,被联合国接纳为《国际生物圈保护区》。这个拥有两项国际桂冠的九寨沟,已成为世界级的风景区。它位于四川省西北部的阿坝藏族羌族自治州的九寨沟县内。

大约在两、三百万年前,由于冰川运动剥蚀山谷,冰渍物堵塞谷口而形成的堰塞湖及各类冰蚀地貌;又因地震等因素引起岩壁崩塌、滑落、泥石流堆积和石灰岩溶蚀、钙化沉积等多种地质作用,使可溶性岩石受富含二氧化碳水流的冲刷、溶解,而形成各式瀑布景观和钙化景观。

九寨沟之所以得名,是因为在这里有树正、则查洼、黑角、荷叶、盘亚、亚拉、尖盘、热西、郭都九个古老的藏族村寨,景区由呈"丫"字形的树正沟、日则沟和则查洼沟组成,单程为50千米,总面积720平方千米,由108个湖泊、5个流滩、12道飞瀑、10余道泉水,串珠一般构成奇异的自然风光。

"翠海静谧叠瀑喧,彩林幻境雪峰眠,经幡飘诵叭咪哞,奇异藏情令人叹"。翠海、叠瀑、彩林、雪峰和藏族风情共同构成了九寨沟五绝。"送君送到九寨沟,有句话儿要交代,虽然已经是百花开,唧个里格唧个唧,路边的野花不要采!采了罚五百。"这里的每一株花,每一棵草都是大自然所赐,为了保护植被,景区所有的巴士燃料都是天然气,而不是汽油,所以它们都叫做绿色环保巴士。那么现在请各位一起进入九寨沟(见图3-17),进入这童话世界、人间仙境,在这"此景只应天上有"的九寨沟做一回王母娘娘、玉皇大帝。

图 3-17 九寨沟

💡 **想一想**

例文中九寨沟景区的概况讲解是一种常规的讲解方法,对水体景观类景区的概况讲解可以从哪些方面进行介绍,让人耳目一新?

✏️ **做一做**

(1) 找出例文中采用的讲解方法。

(2) 选用恰当的讲解方法介绍其他水体景观景区概况,并进行讲解练习。

2. 水体景观美学要素的讲解

对水体景观美学要素的讲解是水体景观讲解的中心和重点,在讲解中往往是穿插交错进行,在景观景物的选取上应根据游客的实际情况进行选择,当然,最具代表的景观景物是首选。在讲解前要选好观赏的位置、角度和时机,这样可以使游客边看边听,达到最佳的游览效果。在讲解中可以采用分段讲解法、类比法、解释法、引用法、虚实结合法、画龙点睛法、制造悬念法、突出重点法、问答法、联想法等,以吸引游客的注意,促使游客思考,激起游客的兴趣,同时还要引导游客文明游览,保护环境。

▶ **典例:**

各位游客,进入景区的第一条沟叫做树正沟,也就是在"丫柄"处。大家左手边的这条河叫翡翠河,汇入景区外的白河,最后一起注入嘉陵江。九寨沟的水的来源有三种:地下渗透、雪山溶水、降水。所以每年9月是九寨沟水位最高的时候。现在请大家酝酿一下情绪,在前方有一块巨大的山崖,它原来有个恐怖的名字叫魔鬼岩。仔细看,崖面上的鬼面还依稀可见。很久以前,有一个男山神达戈和女山神沃诺色嫫相恋,他们爱上了九寨沟的山高林密,鸟兽和谐,决定留在这里。不料被潜入这里的恶魔蛇魔扎发现,蛇魔扎惊慕色嫫的美貌,于是就发动了抢劫色嫫的战争。恶战中,色嫫险些被恶魔抢走,在慌乱中色嫫把达戈送给她的定情信物——风云宝镜掉落下地,摔成了一百多个碎片,变成了散布沟内的一百多个海子(之所以叫海子,是因为生活在崇山峻岭中的藏族同胞们,没有见过大海,但是对大海十分向往,于是就把这一个个小小的高原湖泊称作大海的儿子,简称为海子)。达戈虽然英勇,蛇魔扎也不示弱,从沟内打到沟口,达戈仍不能杀死恶魔。这时万山之祖扎依扎嘎伸出了援助之手,以一座屏风似的山崖挡住恶魔退路,又以一声霹雳将恶魔埋进山崖,只露出一张丑恶的脸。后来凡是路过这里的妖魔鬼怪,都会现出原形,仓皇而逃,所以,就改名叫做宝镜岩。从此,九寨沟恢复了宁静和祥和。而山神达戈和色嫫在这里长住下来,成了神奇九寨的保护神。

"水不在深,有龙则灵"。双龙海、卧龙海名中有龙,水中是否真的有龙呢?微风轻过,龙头、龙尾隐隐游动。其实这两个海子的水来自日则沟,水中富含钙、镁离子,在流动的过程中,钙镁离子不断释放,裹附着水中的浮游物和细微的尘渣等沉入水中,覆盖于堤埂和倒入水中的树干、树枝上。倒在水中的枯树慢慢就被钙化沉积物包裹,形成水底奇观钙化堤埂,也就是各位看到的"龙"了。

现在映入各位眼帘的是由大大小小40余个海子组成的树正群海,它们宛如唱诗班的圣徒,错落有致地讴歌一曲。

……

再往上走,就是树正瀑布了。瀑布高11米,宽62米,造型优雅,飞流直下的瀑布,被树林、岩石层层阻隔,激荡,变成千万道雪白晶亮的飞瀑,直落沟底,令人叹为观止。看到这里,尽管后面的美景很多,大家已能初步形成一个概念:如果说翠海是九寨沟静谧的造型,那么叠瀑就是九寨沟千变万化的舞姿了。

听!有没有听见犀牛的叫声?没有啊?没有就好。因为犀牛海的得名并不是因为其附近有犀牛出没,而是源于一个传说。传说公元8世纪,有一位西藏高僧骑犀牛路过这里,见这里神泉可炼丹,于是就把犀牛放入这海子中,自己就日饮神泉,最终金丹炼成,而犀牛也长留海中。

"风水轮流转,今年到我家"。九寨沟是公平的,刚才所有的景点都在左方,现在右方的景色你也可以大饱眼福了。我们现在来到三条沟的交汇处——诺日朗接待中心。那么大家此刻所面对的景点就是诺日朗瀑布了。它是九寨沟最宽阔的一条瀑布,高30多米,宽270多米,四季景色不同,可以从各个角度欣赏它的美丽。丰水期水流汹涌,声震山谷,落下后溅起的水花形成一道水帘,映日成虹,十分壮观。水少时,瀑布涓涓而下,好像陡崖上盖着一条花的绢绸,加上两边崖顶上五彩斑斓的灌木丛,那一份娟秀之美,真叫人不忍离去。"诺日朗"是藏语,翻译成汉语就是"雄伟、壮观"。

丫口往右就是日则沟,这条沟是九寨沟的缩影、精华。各位现在看到的是镜海。镜海长925米,最宽处262米,最深处24.3米。镜海有五绝,第一绝:倒影胜实景。无风掠过,水面平滑如镜,湖中工笔描树林,难辨难解虚与实。仔细看,是否是"鱼在天上游,鸟在水中飞?"

第二绝:水带波光。蒙蒙细雨洒落湖面,水带蜿蜒,光亮平滑。此景因湖底钙华隆脊而成。第三绝:镜海月夜。凡月照之夜,不论盈缺,风息树静,朗月落湖中,或为水中生,或为天上挂,恍若伸手可夺。"我影投镜海,镜海留我心"。第四绝:爱情树。请看,粗者为树,似刚毅的男性;细者为藤,似柔弱的女性,二者缠缠绕绕永在一起,"哪个要你酸石榴,要你手弯作枕头"。各位,赶快与你的爱人一道在这里合影留念。那么这独一无二的第五绝也就诞生了。每当夜晚来临的时候,坐到镜海边,你还可以听见达戈和色嫫在这里窃窃私语,互诉衷肠。

……

各位,现在我们立足的地方叫做老虎嘴。在这里,我要请大家看一只世界上最大的"孔雀"。请看,栈桥的前方是孔雀精致的头和细长的脖子,栈桥后方就是孔雀五彩斑斓的、正在开屏的羽毛。这就是五花海,在这里包容了世间的一切色彩:鹅黄、墨绿、深蓝、翡翠、绛红,五光十色,异彩纷呈。水是什么颜色?难道不是透明的吗?为什么会有如此多的"美丽衣裳"?其实,道理很简单:①硬水型钙华池透明度高是一个基础,加之大气辐射损失小(空气洁净),使湖泊水体颜色有蓝色的基调;②影响人们对湖泊色彩的感知因素有湖周围树叶的色彩(橙黄、红色、橙红);③水底附生藻类种类繁多,呈现出淡黄色、黄褐色、绿色;④流水附近岩石中所含钙、镁、硫、磷、钡、锶、钛等多种矿物质,而矿物质有其独特颜色,使湖底呈色;⑤水体的散射、水面的反射、水底物质对透射光的反射等,它们对视觉综合刺激,就是人们看到的五彩斑斓。看,在五花海的草坪边,有一群淳朴、留着长长辫子的藏族姑娘。她们一个个都是赛歌的好手,最开心的就是"远方的客人请你留下来",不着急,我们的歌王更要让"对面的姑娘看过来"。

顺着五花海栈道往上走,约30分钟,就来到了熊猫海瀑布,它依次由三个瀑布组成,两个高19米,一个高24米,一层层地从幽深的林间天上倾泻而下,"匹匹银瀑飞流,露光照素绸"。快看,那里不是正有一头憨态可掬、正在打盹的熊猫吗?嘘,小点声,可不要把它吵醒了。喔!原来是熊猫海的标志性雕塑。在熊猫海的水里还有一种鱼,这种鱼有个奇怪的名字——松潘裸鲤鱼。"松潘"是从成都出发到九寨沟路过的一个县的名称,"裸鱼"则是动物学上对无鳞的鱼的称谓,因其又是鲤鱼的一种,所以得到这样一个名字。1983年8月,四川省水产局和都江堰管理局于海中投放2.5—3寸虹鳟鱼55尾,后不见其踪,生死未卜。看来,在九寨沟只有这样的鱼才能生存。

与熊猫海相邻的是它的姊妹湖——箭竹海。因在其两边的山林中遍布着箭竹而得名。在冬天,熊猫海要结冰,但海拔比熊猫海高的箭竹海却不结冰。箭竹海中还有另一景观:在一根早已钙化的枯木上,长出新的植物,如小草,衔着嫩嫩的绿,这就叫做"枯木逢春"。

再往上经过天鹅海、剑岩,就来到原始森林景区。各位在原始森林中散步时,可要小心,这里的大熊猫正在登结婚启示,各位要结伴而行。

最后一条沟就是则查洼沟,在丫口的左边。这条沟的景点较少,但却有两个之最——最小的海和最长的海。从丫口往上走,是观赏公路旁茂密植物群落的最佳处。油松、铁杉、冷杉、云杉等常绿针叶树种;槭树、小檗、三颗针、黄栌等红叶树种;桦、栾、榆、落叶松、杨柳树、胡桃树等黄叶树种。这三种基本的色调构成色彩斑斓的植物景观,成为九寨沟的一绝。对!这一绝就是彩林。待到秋来时,树的颜色千变万化,倒影于水,如梦如幻,美不胜收。

九寨沟最小巧、色彩最丰富的是五彩池。它的长度仅100.8米,均宽56米,均深6.59米。有人说它像一颗绿宝石,镶嵌在大山和丛林的怀抱里。而我觉得它更像刚刚梳洗完的仙女。

五花池再往上走,就来到了九寨沟最大、最高的一个海——长海。海拔3105米,长7500米,最深处103米。冬天水面上结冰可达70厘米。长海藏在两岸林涛耸翠的高山之间,顺山弯去,把头藏在重峦叠嶂之中,给人以遐想无限的意境;目力所及,那蓝森森、光闪闪、冷峻深沉、深不可测的海水,令人身心如洗,一片空明;对岸,蓝天白云下,是皑皑的雪峰、冰斗、"U"形谷等典型的冰川奇观。这里白雪映苍穹是九寨沟的又一绝——雪峰。

长海的标志:老人柏,亦叫独臂老人树。它只有一边有树枝,另一边是光秃秃的。这既不是天灾,也不是人祸,而是大自然的鬼斧神工。在当地流传着这样一个传说:古时,长海里住着一条蛟龙,每到过年的时候,蛟龙就要出来兴风作浪,要人们为它献上13岁的童男童女。有一年,人们再也不堪忍受了,在一位老者的带领下来到长海边,呼唤出蛟龙,与之展开了激战。蛟龙一招饿虎扑食,老人一个大鹏展翅,就这样打了三天三夜,老人终于制服了蛟龙,但在搏斗中老人也失去了一条手臂。为了防止蛟龙再次出来作祟,老人干脆化为一棵柏树,世世代代守卫着长海,从此这里风平浪静。

在路边,还有被誉为高原之舟的牦牛。牦牛不仅仅是重要的交通工具,同时也是重要的食品来源。因此,以前它也是一家财富的象征。快来看,这里还有精美的民族服饰出租,来吧,来吧,各位,让我们今天也成为达戈,也成为色嫫。图3-18、图3-19所示分别为九寨沟诺日朗瀑布和九寨沟长海。

图3-18　九寨沟诺日朗瀑布

💡 想一想

例文介绍了九寨沟哪些重要的景点?你是否还有其他的切入点?

图3-19 九寨沟长海

做一做

(1) 找出例文中采用的讲解方法。
(2) 选用恰当的讲解方法对例文的某一景点进行改写创作,并进行讲解练习。
(3) 选用恰当的讲解方法对其他水体景观景区某一著名景点进行讲解词创作,并进行讲解练习。

3. 水体景观人文内涵的讲解

人文内涵的讲解也是水体景观景区讲解的中心和重点之一,它主要包括名人点评、名人与景观的故事、诗词歌赋、民族民俗、与景观景物有关的历史故事、景物文化等,在讲解中往往也是穿插交错进行,具体内容根据景观景物的不同情况和游客的实际情况进行选择。最佳的讲解内容是名人与景观的故事,利用名人的知名度,扩大影响,宣传讲解的景点。在讲解中可以采用制造悬念法、突出重点法、问答法、名人效应法等,以吸引更多游客来此参观游览。

典例:

"吱嘎吱嘎",大家快听,这是什么声音?噢,原来是小磨坊,再看看旁边的栈桥,感觉似曾相识?对了,这就是《自古英雄出少年》的一个拍摄点。在小磨坊里你可以品尝到香甜的青稞酒、可口的酥油茶。同时,你还可以看到水念经、手念经、风念经。水念经就是在经筒下面装上叶片,然后靠水的动力来推动经筒的旋转;手念经就得瞧瞧藏族老阿妈手里的法轮了,它就是靠手带动法轮的转动,每转一次就如口诵一次经文。最有趣的要数风念经了,这些经幡就是随风摆动而念经的。经幡一般有5种颜色,分别代表不同含义:黄色代表土地,红色代表太阳,蓝色代表蓝天,白色代表白云,绿色代表万物。而且不同地点的经幡也有其各自的含义:房屋附近,念的是团圆幸福经;道路旁边,念的是一路平安经;神山河流处,念的是风调雨顺经。而且,有的经幡高达十余米,这时它还是藏族同胞心目中的登天之梯,死后能够顺着它到达极乐世界。看来,小小的经幡也有蛮多的学问。"嗡嘛直莫耶萨来德",来,让我们一起来祈祷3秒钟。

......

咦?大家看,怎么好像在滩流上有无数颗跳跃的珍珠?对了,这就是有名的珍珠滩,它得名于这一片扇面形的钙华滩。看滩上水花四溅,就如珍珠飞滚,在阳光照射下熠熠生辉,仿佛"大珠小珠落玉盘",相传色嫫大战蛇魔札时,被蛇魔札扯断项链,珍珠不断洒落于此,所以叫珍珠滩。曾经有四位男性从这里经过,他们不畏艰难险阻,不怕妖魔挡难,历经九九八十一难,终成正果。各位能猜出这四位男性是何方神圣吗?对了,这就是《西游记》中的唐僧师徒四人。电视剧中的一些镜头就是在这里拍摄的。"敢问路在何方,路在脚下。"现在让我们一起下去,捡几颗上等的鲜珍珠。珍珠滩的栈道是环形,所以大家不要走回头路,相信我们以后的生活也会如这般圆圆满满。图3-20所示为珍珠滩瀑布。

图 3-20　珍珠滩瀑布

💡 想一想

九寨沟景区还有哪些可向游人介绍的人文旅游资源?

✏ 做一做

(1) 找出例文中采用的讲解方法。

(2) 选用恰当的讲解方法对九寨沟其他人文旅游资源进行讲解词创作,并进行讲解练习。

(3) 选用恰当的讲解方法对其他水体景观中的人文内涵部分进行讲解词创作,并进行讲解练习。

4. 水体景观结尾的讲解

在游览结束时，可以通过引用法、虚实结合法、画龙点睛法、陈述法等讲解方法，引用名人对景观景点的点评、诗词、歌曲等进行总结性讲解，提升游客对景观景物的认识。

▶ **典例：**

"有一个地方/叫人难忘/像窗前多情的少女/像月下沐浴的姑娘/沐浴的姑娘/那就是九寨/圣洁的地方/无论走遍了海角天涯/还是漂泊到异土他乡/我总要把你歌唱/歌唱。"

💡 **想一想**

上述例文可以用于开头吗，为什么？

✏️ **做一做**

（1）选用恰当的讲解方法改写例文。
（2）选用恰当的讲解方法给其他水体景观结尾进行讲解词创作，并进行讲解练习。

任务实施

长江三峡是世界大峡谷之一，以壮丽河山的天然胜景闻名中外。大峡深谷，曾是三国古战场，是无数英雄豪杰用武之地，这儿有许多名胜古迹，如白帝城、孙夫人庙、南津关等。它们同旖旎的山水风光交相辉映，名扬四海。如今，三峡大坝建成，"高峡出平湖"的美景更是令人神往。

如果你们是讲解员，你们将带领游客体验怎样的长江三峡之旅呢？

🎯 **活动目的**

对本任务所学水体景观理论知识和讲解方法与技巧进行灵活运用。

✈️ **活动要求**

1. 教师课前布置任务，学生查阅相关资料并整理出符合团队游览要求的讲解内容。
2. 学生根据团队游览要求选择景区的某一景点进行脱稿模拟讲解。
3. 普通话标准、口齿清晰、音量与语速适中、语调要抑扬顿挫。
4. 在讲解中要用到2—3种讲解方法和技巧。
5. 结合导游实务技能知识。
6. 全员参与，小组合作完成。

🖊️ **活动步骤**

1. 小组分工，分配任务。

2. 了解游客需求。
3. 了解景区，收集资料。
4. 结合游客需求和景区人文地理资源选择游览点，撰写讲解词，并进行讲解练习准备。
5. 小组合作完成一次模拟讲解接待任务。

活动评价

对小组活动进行评价（见表 3-2）。

表 3-2 评价表

评价项目	自我评定	同学评定	老师评定
团队协作意识（2 分）			
创新创意能力（1 分）			
讲解技能技巧（6 分）			
总体印象（1 分）			
总评得分			

任务拓展

世界水日

世界水日的宗旨是唤起公众的节水意识，加强水资源保护。为了满足人们日常生活、商业和农业对水资源的需求，联合国长期以来致力于解决因水资源需求上升而引起的全球性水危机。1977 年召开的"联合国水事会议"，向全世界发出严重警告：水不久将成为一个深刻的社会危机，石油危机之后的下一个危机便是水。1993 年 1 月 18 日，第四十七届联合国大会作出决议，确定每年的 3 月 22 日为"世界水日"。

中国水周

水利部确定每年的 3 月 22 日至 28 日为"中国水周"（1994 年以前为 7 月 1 日至 7 日），从 1991 年起，我国还将每年 5 月的第二周作为城市节约用水宣传周。中国水周是为了进一步提高全社会关心水、爱惜水、保护水和水忧患意识，促进水资源的开发、利用、保护和管理。

任务三 生物景观讲解技巧

任务引入

生物是由动物、植物和微生物组成的。随着旅游业的发展,部分动植物成为人们旅游观赏和科学考察研究的对象,从而成为旅游资源中重要的组成部分。生物资源以其自身生命节律周期性所表现出的变化多端的形态构成风景景观的实体。

任务剖析

一、生物景观基础知识

生物景观是指以生物群体构成的总体景观和个别具有珍稀品种和奇异形态的个体。作为旅游资源的生物景观,主要是指由动、植物及其相关生存环境所构成的各种过程与现象。

(一)生物景观的主要类型

生物旅游景观具体可以分为植物景观资源和动物景观资源两大类。

1. 植物景观资源

根据植物美学特征,可以将植物景观资源分为珍稀植物、观赏植物、奇特植物和风韵植物四大类。

(1)珍稀植物。

珍稀植物是指以单体存在的珍贵而稀少的植物。比如,中国四大长寿观赏植物,即松、柏、槐、银杏,是我国极为珍贵的植物;世界上极为珍贵但又极为稀缺的植物,世界上最大的莲——王莲(见图3-21),中国的鸽子树——珙桐(见图3-22),热带雨林巨树——望天树(见图3-23),蕨类植物之冠——桫椤,奇异的长命叶——百岁兰(见图3-24),世界植物活化石——水杉等。

(2)观赏植物。

观赏植物主要包括观花植物、观果植物、观叶植物、观枝冠植物。中国主要的观花之地

图 3-21 王莲

图 3-22 珙桐

图 3-23 望天树

图 3-24 百岁兰

有洛阳牡丹"甲天下",杭州玉帛玉兰林,云南奇花异卉大观园,贵州"百里杜鹃"林,福建漳州"百里花市"看水仙,此外还有扬州琼花、广州菊花等。世界著名花卉有日本樱花、荷兰郁金香等。

(3) 奇特植物。

奇特植物是指奇特植物不止具有奇异的形态,而且具有奇特的寓意。这些植物往往以其独特或地球上绝无仅有的某一特征而闻名。世界著名的植物奇观,比如,结"面包"的面包树(见图 3-25),产"大米"的西谷椰子树,流"糖浆"的糖槭,分泌"奶汁"的奶树,洗衣树——普当,气象树——青冈栎,绿色水塔——纺锤树(见图 3-26),最大的花——大王花(见图 3-27),最孤单的植物——独叶草(见图 3-28)等。

(4) 风韵植物。

风韵植物是指因其物种生长的环境不同,各具特殊风韵,而成为人类社会文化中另一种事物或精神的象征者。不少植物的某一器官,如叶、花、果、枝或整个植株都有其独特的风韵。比如,坚贞——松柏,高尚——松、竹、梅,常荣——松、柏,高洁——梅花,门生——桃

图 3-25　面包树

图 3-26　纺锤树

图 3-27　大王花

图 3-28　独叶草

李,寿考——桃,思慕——红豆,依恋——柳,长寿——椿,潇洒——竹等。

2. 动物景观资源

与植物相比,动物能运动,会发声,通人性。不少动物的体态、色彩、姿态和声音都极具美学观赏价值。从审美的角度可以将动物景观资源分为观赏动物和珍稀动物两大类。

(1) 观赏动物。

观赏动物是指动物的体态、色彩、运动和发声等方面的特征能引起人们美感的动物。比如,雄狮、麋鹿(见图 3-29)、黑叶猴、坡鹿(见图 3-30)、大熊猫、海狮、八音鸟、笑鸟、弹琴蛙等。

(2) 珍稀动物。

珍稀动物是指野生动物中具有较高社会价值、现存数量较少或者濒临灭绝的珍贵稀有动物。比如,中国的白鳍豚、白唇鹿、大熊猫、金丝猴、东北虎、藏羚羊、丹顶鹤、台湾黑熊等。世界上珍稀动物及栖息地有新西兰的无翼夜行几维鸟(见图 3-31),巴布亚新几内亚的极乐鸟(见图 3-32),澳大利亚的袋鼠、考拉(树袋熊),尼泊尔奇特旺皇家公园是孟加拉虎最后的

图 3-29 麋鹿

图 3-30 坡鹿

避难所和亚洲独角犀牛的栖息地,还有南极大陆的"主人"——企鹅。

图 3-31 几维鸟

图 3-32 极乐鸟

(二)生物景观的功能

某些生物之所以具有旅游资源意义,是因为它们本身或所构成的环境特有的现象,具有很高的观赏、科研价值,对游客产生很强的吸引力,吸引人们不断去探索大自然的奥秘。

1. 观赏功能

动植物旅游资源具有很高的观赏价值,人们通过观赏植物的花、叶、形、果等,观赏动物的体形、色态、姿态等获得多种美感体验和享受。

2. 科研、科普功能

各类生物景观景区除了满足人们观赏、休闲等需求外,还具有很强的科研、科普功能。对生物进行科学保护、科学研究、科学普及、生态旅游的同时,通过适当的教育、展示,向公众宣传生物多样性保护及其可持续利用的有关科学知识、科学思想和科学方法,唤起公众的环保意识。

3. 生态功能

植物是大自然的"制氧工厂""消毒员",吸收有害气体、粉尘,杀灭细菌,从而净化空气。一定的花草树木可以增强环境的美感,尤其是树木可以说是绿色的"水体",在防沙、防风、水源涵养、调节气候、维持大自然生态平衡方面发挥着巨大作用。许多动物有特殊的生态作用,因而引起人们极大的兴趣和广泛的关注,保护它们及其栖息地生态系统就是保护人类的生态环境。

4. 造园功能

世界各个国家都建有大量的植物园、动物园，利用动植物的配置来表现某些特殊的观念，人为地创设各类环境，保存特有的品种，培育新品种，以供人们参观游览和进行科学研究。

二、生物景观讲解技巧

（一）生物景观的讲解要领

1. 生物的生活、生态习性

各种生物都有自己的生活方式和生活环境，它们的生长情况、生活习性、特点、生活方式各不相同，了解生物的生活习性和生态习性是人们特别是中小学生参观生物景观的重要内容。

2. 生物景观的美学要素

大自然的生物景观，千姿百态，风格迥异，其审美价值不言而喻。讲解员在对生物景观进行讲解时，要把生物景观的形、声、色、味、动态、奇特等各种美融汇其中，运用多种讲解方法，激发游客联想，提升游客的美感享受。

3. 生物景观的文化内涵

中国自古就有托物言志的文化特性，人们往往把情感和感受寄托在动植物身上，比如，莲花寓意洁身自好，鸽子代表和平，用鲲鹏来形容志存高远的人等。这些生物的某些特征中蕴藏着某种深受人们推崇的精神，启迪人们的心灵，陶冶人们的情操。

4. 生物景观的效能

生物因各自的形、声、色、味、生态、习性等的不同，而满足人们观赏、娱乐、食用、医疗保健、研究、考察等不同需要。因此，生物景观除了具有审美价值外，还具有实用价值，比如，食用价值、药用价值、经济价值、生态价值等。在景区讲解中，讲解员要把生物景观明显的或不为常人所知的价值和功用进行介绍说明，增长游客的知识，唤起游客的保护意识，取得社会、文化、经济等多种效益。

（二）生物景观的讲解方法与技巧

1. 生物景观景区概况的讲解

在生物景观景区的讲解中，首先是介绍景区概况，让游客对景区有初步的认识，讲解时间不宜过长，概括性地告诉游客景区的地理位置、生态环境、主要的生物物种、价值、地位等内容。讲解方法可以采用问答法、引用法、数字法、陈述法、类比法等。

▶ **典例：**

各位游客，大家好，欢迎来到卧龙自然保护区。

卧龙自然保护区位于四川省阿坝藏族羌族自治州东南部的邛崃山脉东坡，地处成都平原向青藏高原过渡的一块高山深谷地带，长 62 千米，宽 52 千米，地理环境特殊，海拔最高 6250 米，最低 1150 米。这里地势起伏错落，森林覆盖率高，常年只有春、秋、冬三季而无酷暑，年平均气温 12.5℃。天然的温暖湿润条件，为种类繁多的生物提供了良好的栖息和繁衍环境，是保护珍稀物种及高山生态系统的综合性自然保护区。保护区始建于 1963 年，是我国较早建立的保护区之一，保护区面积达 2000 平方千米。1980 年，卧龙保护区被批准加入联合国教科文组织"人与生物圈保护网"。目前被列为国家重点保护的有大熊猫（见图 3-33）、金丝猴、牛羚、白唇鹿、绿尾虹雉、水青、连香、红豆杉等物种。卧龙保护区的自然景观集山、水、林、洞、险、峻、奇、秀于一体，每年吸引了无数中外游客和科学工作者前来观赏、探索。

图 3-33 大熊猫

目前卧龙自然保护区开放的旅游景点有中华大熊猫园、中国卧龙大熊猫博物馆、动植物标本馆、英雄沟、银厂沟等。保护区内分布着 100 余只野生大熊猫，约占全国总数的 10%，使其以"熊猫之乡"享誉中外。1981 年保护区与世界自然基金会组织合作，在卧龙建立了全世界唯一的"中国保护大熊猫研究中心",设有六个实验室、大熊猫野外生态观察站、小熊猫生态馆和世界最大的熊猫圈养场。其大熊猫幼仔的出生率、存活率世界领先。世界野生动物基金会将这里的五一棚野外观察站作为中外合作进行大熊猫的生态观察研究的基地,中外专家可日夜在此观察大熊猫的活动,并把最新科研成果通报给世界各国。卧龙的科学研究颇有成效,已真正成为具有世界意义的自然保护区,并在中外自然保护区中占有重要地位,享有较高声誉。

国家对卧龙自然保护区非常重视,多位领导人曾先后来保护区视察。这里还多次接待过外国元首、政府首脑、国际组织官员。

想一想

上述例文是一种常规的概况介绍方法,对生物景观景区的概况讲解可以从哪些方面进行突破,使其新颖得体而又不落俗套?

做一做

(1) 找出例文中采用的讲解方法。
(2) 选用恰当的讲解方法对例文进行改写创作,并进行讲解练习。
(3) 选用恰当的讲解方法对其他生物景观景区概况进行讲解词创作,并进行讲解练习。

2. 生物的生活、生态习性及美学要素的讲解

生物生长的地理环境、物种的生活习性、繁衍生息、特色、价值、地位等是游客比较感兴趣的内容,也是该类景区讲解的中心和重点之一,讲解突出科普性,注意引导游客思考,激发游客的兴趣,增强互动。讲解方法可以采用问答法、引用法、数字法、陈述法、解释法、类比法、举例法、分段讲解法、突出重点法等。

典例:

商周以来已有大熊猫的记载,称为貘、白熊、花熊、食铁兽等。首次向西方介绍大熊猫,使之获得科学定名的是法国人戴维。1869年他在四川穆坪(今宝兴县)获得一只幼年大熊猫皮,在寄给巴黎博物馆之后,被博物馆的主任米勒·爱德华确定为与小熊猫和浣熊非常相似的新物种,定名为"大熊猫"。近年来,由于物种退化,环境破坏,加之大熊猫生存和繁衍能力差,其种群数量已大大减少,显得极为珍贵。

大熊猫生活在1600—3600米的高山丛林中,不惧严寒,从不冬眠。它以高山竹类为食,主食箭竹。竹子虽然丰富但其营养贫乏,80%是熊猫不能消化吸收的纤维素,所以熊猫只有通过加大进食量来摄取基本的营养。据统计,一只成年的大熊猫每天进食时间至少需要14个小时,至少要吃掉40千克竹笋或10千克竹叶。它们吃得多,拉得快,几乎是吃多少,拉多少。粪便呈橄榄状,基本上是未消化的竹竿、竹叶碎渣。相比之下,人工饲养的大熊猫就幸福多了。每日三餐由营养师调配,杂粮窝头、牛奶鸡蛋、时鲜水果,再加上新鲜的竹叶,生活相当优裕。看大熊猫吃竹子是一件十分有趣的事。你看它迈着绅士步子,东瞧瞧,西闻闻,

选择最好的竹丛,调整到最舒适的姿势,用"手"将竹掰弯,从中间咬断,握在"手"中。若吃竹叶,则"手"嘴配合,将竹叶归成一把,有时还要抖拍几下,抖掉叶上的灰尘、杂质或积雪,然后用"手"抓着左一口,右一口,吧嗒吧嗒地咀嚼;吃竹竿像人吃甘蔗一样,"手"握着又细又硬的竹竿,用牙熟练地撕掉竹皮,一节节咬断,再咀嚼几下就往肚里吞;吃竹笋时,它会从许多竹笋中挑选最大最嫩的,用"手"将竹笋从地面掰断,然后送到嘴里,用牙将带毛的竹壳一节节剥掉,露出笋肉,最后嫩的笋尖,就不必剥壳了,送入口中,津津有味地嚼几下即咽下。大熊猫的"手"指如此灵巧,原来它的前掌外侧一块腕骨很发达,进化为伪拇指,并与并列的五趾巧妙配合,便于抓握。不过,大熊猫在分类上仍属食肉动物,至今保留着食肉动物的特征,如消化道粗短而又简单,没有发达的盲肠等。野生大熊猫偶尔也还拣食动物尸体,或捕捉竹鼠之类的小动物,显示出食肉动物的本能。

大熊猫生性顽皮,喜欢爬树,打滚,饮水。爬树是为了躲避敌害,在树上享受阳光或求偶交配。为了满足自己嗜饮习性,它的家园大都选在有清泉流水的地方,便于随时畅饮。天寒冰封,熊猫就用前掌击碎冰层饮水。干旱季节,它会下到很深的山谷寻找清净的水源,反复痛饮直到喝得腹胀肚圆,行走困难,才恋恋不舍蹒跚而去;或干脆卧躺溪边,形如醉汉,当地人称"熊猫醉水"。这时,一套优美的"熊猫太极"也就应运而生。大熊猫嗜饮是因为它所食竹子含水分较少,需补充生理所需水分,而暴饮则可能是某种疾病,引起口干舌燥。

大熊猫发情期短,配种成功率低。一般在6—7岁进入婚配期。春天发情,一至数周,交配完后就各奔东西。大熊猫怀孕期短,幼仔难以成活。孕期一般3至5个月,熊猫婴儿十分弱小,闭眼,光身,肉红,尾长,纤小而不能站立,平均只有100克左右,体重只及母体的千分之一。如果一胎多达2仔,熊猫妈妈一般只哺育其中一只幼仔,另一只则被自然淘汰。大熊猫食性单一,竹子每60年开花死亡一次,会酿成大熊猫生存难题。大熊猫平均寿命仅15岁,雌性生育期仅5至7年,这也是大熊猫繁殖率低的重要原因。而人工饲养的大熊猫由于条件优越,一般寿命可达20岁左右,最长的38岁,生育年龄在10年以上。加上采用人工授精技术,使大熊猫受孕率、幼体出生率、成活率大大提高。

想一想

例文介绍了大熊猫哪些方面的内容?你是否还有其他的切入点?

做一做

(1) 找出例文中采用的讲解方法。
(2) 运用所学知识和你的积累见解改写例文,并进行讲解练习。
(3) 选用恰当的讲解方法对其他生物景观进行讲解词创作,并进行讲解练习。

3. 生物景观人文内涵的讲解

生物景观景区人文内涵的讲解重在生物景观的内在美,表达出生物的某些特征中蕴藏着的某种深受人们推崇的精神。在讲解中可以采用举例法、引用法、陈述法、联想法等,以引起游客的共鸣,升华游客的情感。

▶ **典例：**

修竹挺直，高于凌霄。夏不畏酷暑，冬不屈霜雪，生不避贫壤，砍伐而复生，具有顽强的生命力。对于我们善于以物明志的民族，从多方面得到思想启迪。孔子对其弟子说："山南之竹，不缚而直，斩而为箭，射而达。"教导人们要正直、刚强，从正面赋予竹子高尚的哲理内涵。从先秦开始，使臣出使外国，君王授其符节作为凭信，其意以竹有节比喻人有节操，要求使臣像竹一样不屈不挠、不折不扣执行使命。历代文人墨客咏竹言志、赞慕竹的清高坚贞者不计其数。魏晋的嵇康、阮籍等相聚竹林，被称为"竹林七贤"；唐代李白、孔巢父等人号称"竹溪六逸"；北宋文学家廖止自称"竹坡居士"；苏东坡爱竹成癖，有"宁可食无肉，不可居无竹"之说；清代扬州八怪的郑板桥以竹咏志，"咬定青山不放松，立根原在破岩中。千磨万砺还坚韧，任而东西南北风"，表现了诗人在任何艰难复杂的环境中，立定脚跟与邪恶斗争、永不糊涂的气节，寓意深刻，实有哲理。

💡 **想一想**

中国自古就有托物言志的文化特性，人们往往把情感和感受寄托于哪些动植物身上？请列举出具体的动植物及其寓意。

✏️ **做一做**

（1）找出例文中采用的讲解方法。
（2）选用恰当的讲解方法对你感兴趣的其他生物景观的人文内涵部分进行讲解词创作，并进行讲解练习。

4. 生物景观结尾的讲解

生物景观讲解的结尾多是表达对生物的关爱，对生物未来繁衍生息的展望，呼吁人们保护环境。在讲解中可以采用引用法、陈述法等，引起游客的共鸣。

▶ **典例：**

人类只有一个地球，但地球上不是只有人类，保护大熊猫是我们义不容辞的责任。从1962年开始，立法保护；1963年，建立自然区保护（最有名的为卧龙自然保护区）；除此之外，加强大熊猫人工饲养和繁育工作也是一个重要措施。保护大熊猫就是保护人类自己，我们相信，熊猫再也不会发出"明天的早餐在哪里"的呼唤。

💡 **想一想**

对上述关于大熊猫讲解结尾的例文你是否还有其他切入点？

✏️ **做一做**

（1）根据你的理解和认识改写上述例文，并进行讲解练习。

（2）运用上述讲解方法对其他生物景观讲解结尾进行讲解词创作，并进行讲解练习。

任务实施

金丝猴，毛质柔软，鼻子上翘，有缅甸金丝猴、怒江金丝猴、川金丝猴、滇金丝猴、黔金丝猴、越南金丝猴6种，其中除缅甸金丝猴和越南金丝猴外，其他均为中国特有的珍贵动物。金丝猴群栖高山密林中，以野果、竹笋、苔藓为食，亦喜食鸟蛋等肉类，栖息地海拔很高，身上的长毛可耐寒。6个品种均为珍稀品种，均列为红色物种名录濒危品种。

来自四川成都某校高中二年级的同学们要去陕西周至国家级自然保护区开展一次为期4天的"探访全国最大的金丝猴保护区及其生存环境"研学之旅。讲解员们，你们来给同学们讲讲我们可爱的金丝猴吧！

活动目的

对本任务所学生物景观理论知识和讲解方法与技巧进行灵活运用。

活动要求

1. 教师课前布置任务，学生查阅相关资料并整理出符合团队游览要求的讲解内容。
2. 学生根据团队游览要求选择景区的某一景点进行脱稿模拟讲解。
3. 普通话标准、口齿清晰、音量与语速适中、语调要抑扬顿挫。
4. 在讲解中要用到2—3种讲解方法和技巧。
5. 结合导游实务技能知识。
6. 全员参与，小组合作完成。

活动步骤

1. 小组分工，分配任务。
2. 了解游客需求。
3. 了解景区，收集资料。
4. 结合游客需求和景区人文地理资源选择游览点，撰写讲解词，并进行讲解练习准备。
5. 小组合作完成一次模拟讲解接待任务。

活动评价

对小组活动进行评价（见表3-3）。

表 3-3 评价表

评价项目	自我评定	同学评定	老师评定
团队协作意识(2分)			
创新创意能力(1分)			
讲解技能技巧(6分)			
总体印象(1分)			
总评得分			

任务拓展

世界野生动植物日

"世界野生动植物日"是为提高人们对世界野生动植物的认识,由联合国大会于2013年12月20日决定设立的节日。

2013年12月20日,联合国大会第六十八届会议决定宣布3月3日为世界野生动植物日,提高人们对世界野生动植物的认识。1973年3月3日正是通过《濒危野生动植物种国际贸易公约》的日子。该公约在确保物种生存免受国际贸易威胁方面起到了重要作用。

此前,《濒危野生动植物种国际贸易公约》缔约方第16次会议于2013年3月3日—4日在曼谷召开,会议一项决议指定3月3日定为"世界野生动植物日"。该决议得到会议主办国泰国的支持,并由泰国将会议结果上交给联合国大会。

世界野生动植物日给我们一个机会赞美美丽多样的野生动植物,也让我们更加了解自然环境保护给人类带来的各种好处。同时,该国际日也提醒我们,加大打击野生动植物犯罪迫在眉睫。我们的行动会产生广泛的经济、环境和社会影响。

野生动植物有固有价值及各种贡献,包括其在生态、遗传、社会、经济、科学、教育、文化、娱乐及审美方面对可持续发展和人类福祉的贡献。因此,联合国邀请所有会员国、联合国系统各组织及其他国际机构,与民间社会、非政府组织和个人一起,参与庆祝世界野生动植物日。《濒危野生动植物种国际贸易公约》秘书处将与联合国系统相关组织协作,推动落实世界野生动植物日。

各届主题:

2014年——关注非法野生动植物贸易。

2015年——依法保护野生动植物,共建美好家园。

2016年——野生动植物的未来在我们手中。

2017年——聆听青年人的声音。

2018年——大型猫科动物:面临威胁的掠食者;中国主题:保护虎豹 你我同行。

2019年——水下的生命:为了人类和地球;中国主题:保护海洋物种 传承海洋文明。

项目小结

在掌握理论基础知识的基础上,恰当地运用各种讲解方法。在实践中能够根据不同类型的游客和不同类型的景观、景点进行不同风格的讲解。结合自己的风格和见解形成独特的讲解风格。

项目训练

一、知识训练

1. 地文景观类资源包括(　　)两部分。

A. 地质构造类旅游资源　B. 峡谷景观旅游资源

C. 岩溶地貌旅游资源　D. 地貌类旅游资源

2. 中国地文景观主要包括(　　)等。

A. 山岳形胜　B. 喀斯特地貌　C. 风沙地貌　D. 黄土地貌

E. 海岸地貌　F. 特异地貌　G. 地质现象

3. 水体景观的主要类型有(　　)。

A. 江河景观旅游资源　B. 湖泊景观旅游资源　C. 海洋景观旅游资源

D. 泉水景观旅游资源　E. 瀑布景观旅游资源

4. 世界水日是每年的(　　)。

A. 1月18日　B. 3月22日　C. 3月28日　D. 7月7日

5. 根据植物美学特征,可以将植物旅游资源分为(　　)四大类。

A. 珍稀植物　B. 观赏植物　C. 奇特植物　D. 风韵植物　E. 思古植物

6. 世界野生动植物日是每年的(　　)。

A. 1月18日　B. 3月3日　C. 7月7日　D. 12月20日

二、能力训练

实训一　地文景观景点解说

实训目的:

通过实训,学生可以熟练地掌握地文景观的讲解方法与技巧。

实训要求:

1. 讲解对象:普通游客。

2. 选择讲解的景区景点。

3. 重点突出,具有文化内涵。

4. 运用 2—3 种讲解技巧和方法。

5. 脱稿讲解。

6. 语言准确得体。

7. 制作评分表。

8. 小组合作完成。

实训内容：

世界遗产、5A 级景区或著名的地文类景区景点。

实训步骤：

1. 小组分工，分配任务。

2. 分析讲解对象。

3. 了解景区，收集整理资料，选择讲解景点。

4. 撰写、修改讲解词。

5. 讲解练习，小组内互评。

6. 模拟景点讲解。

7. 老师和小组间互评。

实训二　水体景观景点解说

实训目的：

通过实训，学生可以熟练地掌握水体景观的讲解方法与技巧。

实训要求：

1. 讲解对象：普通游客。

2. 选择讲解的景区景点。

3. 重点突出，具有文化内涵。

4. 运用 2—3 种讲解技巧和方法。

5. 脱稿讲解。

6. 语言准确得体。

7. 制作评分表。

8. 小组合作完成。

实训内容：

世界遗产、5A 级景区或著名的水体类景区景点。

实训步骤：

1. 小组分工，分配任务。

2. 分析讲解对象。

3. 了解景区，收集整理资料，选择讲解景点。

4. 撰写、修改讲解词。

5. 讲解练习，小组内互评。

6. 模拟景点讲解。

7. 老师和小组间互评。

实训三　生物景观景点解说

实训目的：

通过实训，学生可以熟练地掌握生物景观的讲解方法与技巧。

实训要求：

1. 讲解对象：普通游客。
2. 选择讲解的景区景点。
3. 重点突出，具有文化内涵。
4. 运用 2—3 种讲解技巧和方法。
5. 脱稿讲解。
6. 语言准确得体。
7. 制作评分表。
8. 小组合作完成。

实训内容：

世界遗产、5A 级景区或著名的生物类景区景点。

实训步骤：

1. 小组分工，分配任务。
2. 分析讲解对象。
3. 了解景区，收集整理资料，选择讲解景点。
4. 撰写、修改讲解词。
5. 讲解练习，小组内互评。
6. 模拟景点讲解。
7. 老师和小组间互评。

项目四
人文景观类讲解技巧

项目目标

职业知识目标：
1. 认知不同人文景观类型的讲解特点。
2. 根据不同类型的人文景观，选择相应的讲解技巧。
3. 掌握提高导游讲解质量的方法。

职业能力目标：
1. 根据不同的景观类型，具有不同的知识储备，使讲解更加形象生动。
2. 能够结合人文景观的特点和游客的特点，清晰明了而不失趣味地进行讲解。

职业素养目标：
1. 领略不同的人文景观类型及其讲解方法。
2. 获得职业认同感，从而热爱导游这一职业。

知识框架

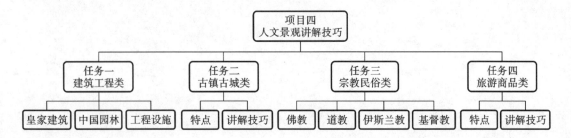

教学重点

1. 熟悉常见人文景观的类别及其特点。
2. 结合实例,学习如何从不同的角度对不同类型的人文景观进行讲解。
3. 掌握不同类型人文景观的讲解技巧。

教学难点

建筑工程类景观讲解　　宗教景观讲解　　讲解技巧

项目导入

　　小李作为一名新导游,工作积极认真,对待游客热情周到,总是能把旅途中的食、住、行等方面安排得妥妥当当,游客们也非常喜欢阳光开朗的小李。但最近小李发现,自己在进行导游讲解,特别是人文景观的讲解时,游客们似乎没有认真听,也没有表现出对讲解内容的好奇。她想,一定是自己的讲解还不够好,没有吸引到游客的注意力。到底怎样才能讲好人文景观呢?

任务一　建筑工程类

任务引入

　　建筑工程与人类的生活息息相关,是人类文明的象征和结晶,并且不同地域、不同时期的建筑工程会有着各自的特点,反映其所处地域及时代的文化魅力,因而成为当今的旅游热点。建筑工程同时具有实用性与观赏性,常见的建筑工程类景观包括楼宇、园林、陵墓以及各种工程设施。如北京故宫、苏州园林、秦始皇陵和都江堰水利工程等都属于知名的建筑工程类景点。

任务剖析

建筑工程与人类的生活息息相关,是人类文明的象征和结晶,并且不同地域、不同时期的建筑工程会有各自的特点,反映其所处地域及时代的文化魅力,因而成为当今的旅游热点。建筑工程同时具有实用性与观赏性,常见的建筑工程类景观包括楼宇、园林、陵墓以及各种工程设施。如故宫、苏州园林、秦始皇陵和都江堰水利工程等都属于知名的建筑工程类景点。

一、皇家建筑

(一) 皇家建筑的特点

1. 体现地位的至高无上

皇家建筑通常是指帝王日常居住和处理朝政的专用居所,是封建社会彰显统治者最高权力的建筑符号,因此,无论是从造型布局还是结构装饰,都需要体现出皇权的至高无上和独一无二。在中国古代,建筑根据人的社会地位有着相应的等级制度,统治者、贵族、官员、平民的建筑有着严格的等级区分,如果违背了建筑的等级制度,便是有违礼法,会根据古代法典予以惩罚。古代礼制中关于建筑型制的规定非常具体,包括屋顶式样、面阔开间、装饰色彩、彩画形式和脊兽等都有详细规定。

(1) 屋顶式样。

古代建筑的屋顶式样按从高到低的等级划分为、庑殿顶、歇山顶、悬山顶、硬山顶,其他式样就不按等级划分了。同时,又有重檐和单檐之分,所以等级最高的为重檐庑殿顶。

庑殿顶(见图4-1),前后左右共四个坡面,交出五个脊,又称五脊殿。这种屋顶只有帝王宫殿或敕建寺庙等方能使用;歇山顶,有前后左右四个坡面,在左右坡面上各有一个垂直面,故而交出九个脊,又称九脊殿。这种屋顶多用在建筑性质较为重要、体量较大的建筑上;悬山顶,只有前后两个坡面且左右两端挑出山墙之外;硬山顶,前后两个坡面但左右两端并不挑出山墙之外。所有屋顶皆具有优美舒缓的屋面曲线。

图 4-1　庑殿顶

(2) 面阔开间。

在古代建筑中,两根柱子所隔的空间便为一个开间(见图4-2),以开间的数量来区分等级。最高等级是九间,后来发展到十一间,例如北京故宫太和殿、乾清宫,但是理论上仍然是九开间为最高,只有皇帝的建筑才能用九开间。其次是七间,皇亲贵戚和封了爵位的朝廷命官可以用七开间。再次是五间,朝廷一般官员和地方政府官员可以用。平民百姓就只能用最小的三间了。

图 4-2　开间

为什么九开间的等级最高呢？这与中国古代阴阳五行中的"术数"有关。阴阳五行学说中奇数(单数)为阳,偶数(双数)为阴。阳数中最高的数是九,所以在建筑中凡用九的数字就是最高等级,例如开间九间、台阶九级、斗拱九踩、屋脊走兽九尊等等。另外"五"也是术数中一个特殊的吉数,九和五结合就是最高最吉利的数。《易经》中说"九五,飞龙在天",所以"九五"就变成了皇帝的专用数,称为"九五之尊"。天安门城楼就是面阔九开间,纵深五开间,故宫中很多建筑都是这样。

(3) 装饰色彩。

建筑色彩最高等级是黄色,其次是红色,再次是绿色,再次是蓝色。黄色是皇帝的专用色,不仅是建筑,在服装和其他方面也都是。皇帝黄袍加身,朝廷大臣立了功,得到的最高奖赏是赏穿黄马褂。

屋顶上用黄色琉璃瓦是皇家建筑才能用的,北京所有宫廷建筑的基本色彩就是红墙黄瓦。在都城以外的其他地方,只有皇家的陵墓、皇家寺庙、各地的孔庙或文庙可以用黄色琉璃瓦。因孔子创立的儒家思想被推为国家正统思想,孔子被尊为"至圣先师",礼制规定祭祀孔子的孔庙文庙享受皇家建筑的等级,所以全国各地的孔庙文庙都可以用红墙黄瓦。

(4) 彩画形式。

彩画是中国古建筑的梁枋斗拱等木构件上的彩色图案,既起到装饰作用,又可以保护木构件。按照等级从高到低来看,依次为和玺彩画(见图4-3)、旋子彩画(见图4-4)和苏式彩画(见图4-5)。和玺彩画只有皇帝的建筑才能用,其特点是有双括号的箍头,里面的图案以龙为主。旋子彩画,其特点是单括形的箍头,里面的图案以旋转形的菊花为主,所以叫"旋子"。

最高等级的建筑以外的大型建筑都可以用旋子彩画,例如皇宫中的次要建筑、大型寺庙等。苏式彩画,其特点是用各种艺术化的边框框出一个中心画面,即为一个"包袱"。包袱里面是一幅完整的图画,或者是山水风景,或者是人物故事,或者是花鸟虫鱼等,总之是一幅画,而不是格式化的图案,它一般用于园林中的亭廊和一般民居等建筑上。苏式彩画具有很高的艺术性和观赏性,在园林中,一边游园,一边欣赏亭廊中的图画,令人赏心悦目。例如北京颐和园的长廊,里面装饰着苏式彩画,每一根梁枋上都是一个不同的包袱,琳琅满目,美不胜收。

图 4-3　和玺彩画

图 4-4　旋子彩画

图 4-5　苏式彩画

(5) 脊兽。

脊兽有着固定和保护屋脊的作用,同时这些选自神话传说中的神兽排列在屋脊之上,还起着逢凶化吉、消灾灭祸的作用。不同种类和数量的神兽也标志着等级地位的不同。拿故宫来说,太和殿用了十个神兽;皇帝居住和处理日常政务的乾清宫,地位仅次于太和殿,用九个;坤宁宫原是皇后的寝宫,用七个;妃嫔居住的东西六宫,用五个;某些配殿,用三个甚至一个。除了数量,神兽的安放顺序也有很大的讲究。以太和殿为例,依次为骑凤仙人、鸱吻、凤、狮子、天马、海马、狎鱼、狻猊、獬豸、斗牛和行什。

2. 以木结构为主,砖、瓦、石为辅

以木结构为主,此结构方式,由立柱、横梁及顺檩等主要构件组成。各构件之间的结点用榫卯相结合,构成了富有弹性的框架。中国古代木结构,主要有两种形式:一是"穿斗式",是用穿枋、柱子相穿通接斗而成,便于施工,最能抗震,但较难建成大形殿阁楼台,所以我国南方民居和较小的殿堂楼阁多采用这种形式。二是"抬梁式"(也称为叠梁式),即在柱上抬梁,梁上安柱(短柱),柱上又抬梁的结构方式。这种结构方式的特点是可以使建筑物的面阔和进深加大,以满足扩大室内空间的要求,成了大型宫殿、坛庙、寺观、王府、宅第等豪华壮丽

建筑物所采取的主要结构形式。有些建筑物还采用了抬梁与穿斗相结合的形式，更为灵活多样。

"墙倒屋不塌"这一句中国民间的俗语，充分表达了上述梁柱式结构体系的特点。由于这种结构主要以柱梁承重，墙壁只作间隔之用，并不承受上部屋顶的重量，因此墙壁的位置可以按所需室内空间的大小而安设，并可以随时按需要而改动。正因为墙壁不承重，墙壁上的门窗也可以按需要而开设，可大可小，可高可低，甚至可以开成空窗、敞厅或凉亭。

3. 以中轴线对称布局

中国古建筑采用相近的建筑形式与总体布局方式，以一条中轴线将各个封闭四合院落贯穿起来，主次分明，对称齐整，表现出封闭、严谨、含蓄的民族气质。

（二）皇家建筑的讲解技巧

1. 气势磅礴

皇家建筑的所有者为政权统治者，皇家建筑是帝王处理政务、生活以及休闲的场所。为了体现帝王权力的至高无上，皇家建筑一般为无数单体建筑组合而成的大型群体建筑，讲解员在讲解时，一定要注意使用具体的数据如长度、宽度、高度和数量等来表达，以体现出皇家建筑的气势雄伟。

▶ 知识链接

故宫的宫殿建筑是中国现存最大、最完整的古建筑群，总面积达72万多平方米，传说有殿宇宫室9999间半，被称为"殿宇之海"，气魄宏伟，极为壮观。它是一座长方形城池，南北长961米，东西宽753米，四面围有高10米的城墙，长3400米的宫墙，城外有宽52米的护城河。紫禁城内的建筑分为外朝和内廷两部分。外朝的中心为太和殿、中和殿、保和殿，统称三大殿，是国家举行大典礼的地方。内廷的中心是乾清宫、交泰殿、坤宁宫，统称后三宫，是皇帝和皇后居住的正宫。

2. 封建礼制和象征性

中国古代有一套完整的宗法礼制，它集中地反映了封建社会中的天人关系、阶级与等级关系、人伦关系、行为准则等，成为上层建筑的重要部分，在维系封建统治中起着非常大的作用。符合和体现封建礼制的建筑即为礼制建筑。例如皇家建筑中的规格、布局、装饰、台阶数、彩画形式等处处都体现出封建礼制的等级区别。

讲解人员在讲解时，要注意对古建的象征意义进行解读，使游客能够有知识上的收获。例如在三大殿的丹陛之上，分别陈列着铜龟、铜鹤、日晷、嘉量。龟、鹤在传统中代表延年益寿和吉祥如意，即表示祝愿皇帝长命百岁，也寓意其统治千秋万代。日晷本是计时器具，嘉量本是计量容积和重量的衡器，但放在此处并非为了实用，而是表示皇帝授时授量，控制着宇宙的时间和空间。而在祈年殿，大殿支柱分三圈，内圈有4根贴金龙柱，称为龙井柱，代表一年分为四季。中圈12根金柱，象征一年12个月。外圈檐柱12根，象征一日12个时辰。金柱与檐柱合计24根，表示一年24个节气。在横梁上架有12根短柱，称童柱，加上前述24

根柱子合计36根,象征36天罡。这一设计都与农业生产有密切关系,正与"祈年"功能相合。殿内地面中央为一圆形大理石,有天然的隐约的龙凤花纹,同殿顶中央的蟠龙上下相对,故又产生了许多神话式的传说,更突出了此建筑的神秘。

▶ **范文:**

各位朋友,穿过午门,现在我们已经进入故宫。故宫中这第一进院落就是太和门广场。首先我们看到的是内金水河,它自西向东蜿蜒流过太和门广场,上边有五座汉白玉石桥,就是内金水桥,它们象征五德,即仁、义、礼、智、信,是皇帝集美好的品质为一身的意思。金水桥下是内金水河,内金水河从紫禁城西北角筒子河涵道引入紫禁城,沿紫禁城内西侧南流,至武英殿东向,经武英殿门前,再东经涵道至太和门前。又经涵道东出至文渊阁前水池,从文渊阁东出经三座门前石桥,最后流入无门东侧筒子河,全长2100米。内金水河的作用不仅是故宫中排水的主要通道,也是宫中营造用水和灭火的主要水源,同时还起到了分隔空间、点缀景观的作用,使太和门广场在雄浑中不失秀美。

跨过金水桥,这片广场曾经是明代皇帝御门听政时百官待驾的地方。何谓"御门听政"呢?这"御门"即指太和门,即前朝的正门,初建于明永乐年间,当时叫奉天门,明嘉靖年间改称皇极门,清顺治年后改称太和门。"听政"是指听取政事。明永乐皇帝朱棣迁都北京不到百日,三大殿被大火烧毁,朱棣曾在此御门听政,处理国家朝政。清朝入关后,清世祖福临的登基典礼、加封多尔衮为叔父摄政王、封吴三桂为平西王等活动都是在太和门举行的。

太和门东庑中间的门叫协和门,西庑中间的门叫熙和门。太和门、协和门、熙和门加上前朝三大殿的太和殿、中和殿、保和殿称为"六合"。在太和门两旁还有两道门,分别为昭德门和贞度门。

过了太和门我们就来到了故宫中最重要的院落——太和殿及其广场。太和殿广场基本呈正方形,整个院落平坦宽阔,气势非凡。中间御路以青石,两侧青砖墁地。北有太和殿,南为太和殿,东为体仁阁,西为弘义阁,面积约3万平方米,是整座紫禁城面积的1/24。整个广场可容纳近7万人。在每年的元旦、冬至以及皇帝登基、大婚、万寿这些重大活动的时候,都要在太和殿以及太和殿广场举行隆重的大朝礼。

大家请看,远处正前方是一片汉白玉雕砌的三层高台基,呈"土"字形,俗称"三台"。台基高8.13米,台边缘高7.12米,三层台基间,分列着18尊鼎式香炉。在每一层基座的边缘都伸出很多小龙头,那些小龙的名字叫"螭",是传说中一种没有角的龙,这些小龙头实际上是大殿的排水系统。如果仔细看会发现每个龙头的嘴里都有一个小孔,即喷水孔,三层基座之上共设小龙头1142个,每当下大雨的时候,雨水便从1142个龙头嘴里的小孔内排出,非常壮观,为宫中一景,被称为"千龙吐水"。三层台基承托着雄伟的三大殿,这就是故宫的中心建筑——太和殿、中和殿、保和殿,其中太和殿位于"土"字形须弥座的南部。好了,各位可以先在这里留个影,稍后我们将会去参观太和殿。

练一练:选择一处皇家建筑,并对其进行讲解,注意使用讲解技巧。

二、中国园林

（一）中国园林的特点

中国园林还善于因地制宜，即根据南北方自然条件的不同，而有南方园林与北方园林之不同。皇家宫苑与私家园林也由于种种条件的不同，而各有其特性，现在中国园林已逐步形成北方园林、江南园林、岭南园林以及各少数民族地区园林等的地方风格和民族风格。

北方皇家园林与江南私家园林的区别主要表现为风格上的差异。造成风格上的差异的客观原因主要有三个方面：①服务对象不同，北方皇家苑囿是为封建帝王服务的，江南园林则属于私家园林，园林的主人不同，各自的要求不尽相同；②规模及所处外部环境不同，北方皇家苑囿规模大，占地广，多处于自然风景优美的山林、湖泊地区，江南私家园林规模小，多处于市井之内；③气候条件不同，北方气候寒冷、干燥，江南则较温暖、湿润。它们之间的差异表现在平面布局、建筑外观、空间处理、尺度大小以及色彩处理等五个方面。

从平面布局看，江南园林由于多处市井，所以常取内向的形式，因为在市井内建园，周围均为他人住宅，一般均不可能获得开阔的视野和良好的借景条件。北方园林由于所处自然环境既优美，又开阔，所以多数景点、建筑群均取外向布局或内、外向相结合的布局形式，这样，不仅可以广为借景，而且本身又具有良好的外观。少数园中园，虽取内向的布局形式而自成一体，但多少还要照顾到与外部环境的有机联系。

从建筑物的外观、立面造型和细部处理来看，江南园林远比北方园林轻巧、纤细、玲珑剔透。这一方面是因为气候条件不同，另外也和习惯、传统有着千丝万缕的联系。如翼角起翘，对于建筑物的形象、特别是轮廓线的影响极大，北方较平缓，南方很跷曲；墙面，北方园林建筑显得十分厚重，江南园林则较轻巧；其他细部处理，江南园林不仅力求纤细，而且在图案的编织上也相当灵巧，北方园林则比较严谨、粗壮、朴拙。

从空间处理看，江南园林比较开敞、通透，内、外空间有较多的连通、渗透，层次变化也比较丰富。北方园林则比较封闭，内、外空间的界线比较分明。

南、北园林建筑在尺度方面的差异也是极为悬殊的。

南、北园林建筑的色彩处理也有极为明显的差异。北方园林较富丽，江南园林较淡雅。江南园林建筑最基本的色调不外三种：①以深灰色的小青瓦作为屋顶；②全部木作一律呈栗皮色或深棕色，个别建筑的部分构件施墨绿或黑色；③所有墙垣均为白粉墙。这样的色调极易与自然界中的山、水、树等相调和，还能给人以幽雅、宁静的感觉。白粉墙在园林中虽很突出，但本身却很高洁，可以借对比而破除沉闷感。

在堆山叠石以及花木配置方面，北方园林的山石一般较凝重浑厚，江南园林则较虚幻空灵。花木配置方面如以品种的多样而论，江南园林远胜于北方园林。

江南园林有三个显著特点。第一，叠石理水。江南水乡，以水景擅长，水石相映，构成园林主景。太湖产奇石，玲珑多姿，植立庭中，可供赏玩。第二，花木种类众多，布局有法。江南气候土壤适合花木生长。苏州园林堪称集植物之大成，且多奇花珍木，如拙政园中的山茶。清初扬州芍药甲天下,新种奇品迭出,号称花瑞。第三,建筑风格淡雅、朴素。江南园林沿文人园轨辙,以淡雅相尚。布局自由,建筑朴素,厅堂随意安排,结构不拘定式,亭榭廊槛,宛转其间,一反宫殿、庙堂、住宅之拘泥对称,而以清新洒脱见称。

▶ **知识链接**

拙政园的布局疏密自然,其特点是以水为主,水面广阔,景色平淡天真、疏朗自然。它以池水为中心,楼阁轩榭建在池的周围,其间有漏窗、回廊相连,园内的山石、古木、绿竹、花卉,构成了一幅幽远宁静的画面,代表明代园林建筑风格。拙政园形成的湖、池、涧等不同的景区,把风景诗、山水画的意境和自然环境的实境再现于园中,富有诗情画意。森森池水以闲适、旷远、雅逸和平静氛围见长,曲岸湾头,来去无尽的流水,蜿蜒曲折、深容藏幽而引人入胜;通过平桥小径为其脉络,长廊逶迤填虚空,岛屿山石映其左右,使貌若松散的园林建筑各具神韵。整个园林建筑仿佛浮于水面,加上木映花承,在不同境界中产生不同的艺术情趣,如春日繁花丽日,夏日蕉廊,秋日红蓼芦塘,冬日梅影雪月,四季宜人,创造出处处有情、面面生诗、含蓄曲折、余味无尽的生动画面,不愧为江南园林的典型代表。

(二)中国园林的讲解技巧

1. 突出园林特色

讲解员在讲解时要注意从整体上突出中国园林的艺术特色,同时注重突出园林的个性特色。此外,还需要从布局、造景等多方面去讲解。

2. 突出园林的文化内涵

从历史文化故事、匾额、对联等方面去剖析园林的文化内涵。

3. 讲解语言要生动形象

讲解员要做到字正腔圆,正确运用语音、语调、语速,声情并茂地开展讲解。除此以外,还要善用修辞手法,使自己的讲解语言更加生动形象,在讲解过程中,要注意观察游客的精神状态与集中程度,适时与游客互动,调动游客的兴趣。

4. 欲扬先抑讲解法

园林中有些景点表现手法较为直白,游客不需要听讲解员介绍也能大概明白,但是,讲解员如能采用欲扬先抑的讲解方法,景点讲得有声有色,从而引起游客的兴趣,增加讲解员自身的魅力,就能把原本平淡无奇的内容变得精彩。

▶ **典例:**

拙政园位于苏州古城东北楼门内的东北街,紧邻苏州博物馆,占地约4万平方米。它与北京颐和园、承德避暑山庄、苏州留园合称为中国"四大名园",被誉为"天下园林之母"。有人说,拙政园酷似我国古代文学巨著《红楼梦》中所描述的大观园,这话究竟有没有道理?还是请大家跟我走进拙政园,去探寻一下大观园的影子吧!

各位朋友,现在我们看到高高的砖砌墙门的正上方,有砖雕贴金的门额"拙政园"三个字。拙政园始建于明代正德四年(公元1509年)。明代御史王献臣因官场失意而还乡,以大弘寺址拓建为园,借西晋潘岳《闲居赋》"拙者之为政"句意,自我解嘲,取名为"拙政园"。王献臣死后,他的儿子以拙政园为赌注,一夜之间输掉了。自此拙政园400余年来,屡易其主,历经沧桑,几度兴衰。

拙政园与苏州其他古典园林一样,是典型的宅园合一,有宅有园,前宅有园的格局。拙政园的花园分东园、中园、西园三部分,整个造园以山水并重,以水池为中心,水面占全园的五分之三,亭榭楼阁皆临水而立,倒映水中,相互映衬。

现在从园门进去便是东花园。入园后,首先映入眼帘的是东花园的主厅"兰雪堂"。"兰雪"二字出自李白"春风洒兰雪"之句,有清香高洁、超凡脱俗之意。厅堂面宽三间,中间屏门上有一幅漆雕画,是拙政园的全景图。从图上看,拙政园分为三个部分:东部,曾取名为"归园田居",以田园风光为主;中部,称为"复园",以池岛假山取胜,也是拙政园的精华所在;西部,称为"补园",以清代建筑为主。整个院子没有明显的中轴线,也不对称,但错落有致,疏密得体,近乎自然,是苏州园林中布局最为精巧的一座。

走出兰雪堂,迎面有一组太湖石假山。这块名为"缀云峰"的假山高耸在绿树竹荫中,与西侧两块形状怪异的石峰并立,叫做"联璧"。水池边山峰外形似船,俗名"翻转划龙船"。走到这里,似乎有似曾相识的感觉,大家可能都会联想到《红楼梦》中大观园进门处的假山,同这座假山极为相似。

兰雪堂的东北面,临水而筑的这座卷棚歇山顶的建筑,就是"芙蓉榭"。此榭为东花园夏日赏荷的绝佳之处。面对荷花池,背倚高墙,一边开阔,一边封闭,给人一种宁静的气氛。加拿大温哥华"逸园"中的水榭,就是参照此榭设计的。

芙蓉榭以北是一片紫薇草坪,中间耸立的那座重檐攒尖八角亭,名为"天泉阁"。阁中有"天泉井",相传此井为元代大弘寺东斋的遗迹。夏日可在此阁欣赏紫薇花。这座建筑物,从外面看似乎是两层,在里面看却只有一层。欣赏苏州园林里的建筑物,高的楼阁要仰视。如果您站在"天泉阁"的戗角下,凝视飘动的浮云,您似乎可以感到楼阁正在蓝天中翱翔。这就是苏州园林建筑物上大都建有戗角的奥秘。这些戗角,除了有利于采光和通风外,主要是增加了动感和美感,成了苏州建筑的地方特色之一。东中花园以这条复廊分隔,复廊的墙壁上开有25个漏窗,不同的窗被水中波纹反射叠印,随着步移花窗的变换,园内景色也不断地变化。穿过复廊的黑漆大门,便到了中部花园。看这座半亭倚墙而作,亭中有一圆拱门,三面凌空,长廊似虹,故名"倚虹亭"。站在倚虹亭旁,向西眺望,极远处又有一亭,亭内也有一圆拱门,这就是西花园的"别有洞天"园门。而在亭台楼阁旁,小桥流水之上,古树花木之间,屹立着一座宝塔,那就是园外远处的北寺塔,给人以一种"庭院深深深几许"的感觉。这一借景的手法,运用得很成功,园主确实费尽了心机。因为中部花园东西长,南北窄,有一种压抑感,于是园主利用低洼的地势凿池叠山。用假山遮住两边的围墙,而池面上留出了大量的空间,使人感到开阔而深远。中部花园里的建筑物,大小不同,形状各异,高低错落,疏密有致。

中园是拙政园的主体部分和精华所在。总体布局以水池为中心,分布着高低错落的建筑物,具有江南水乡特色。现在各位请看池岛假山,池岸曲折,水绕山转。假山上的"悟竹幽居",山顶的"待霜亭"和"雪香云蔚亭"点缀其上。从东面看,一山高过一山;从南面看,一山连接一山;从西面看,一山压倒众山,具有中国山水画的传统构图特色,也体现了"横看成岭侧成峰,远近高低各不同"的意境。

好啦,让我们稍作休息,再继续参观游览吧。

三、工程设施

(一)工程设施景点的特点

工程设施的修建原本是为了更方便人类的社会生活,如桥梁、公路是为了交通便捷,水库大坝是为防涝抗旱,但随着我国旅游业的发展,一些工程设施以优美的自然环境为依托,也成为热门的旅游景点。常见的工程设施景点主要有军事防御工程、桥梁和水利工程等。

1. 军事防御工程

(1)筑墙护城在中国有悠久的历史,明代洪武年间在"高筑墙"思想的指导下,全国各地大建城防工程,我国目前现存的古城墙(见图4-6),基本上都形成于这一时期。为了加强城防能力,城墙建筑十分完整。城墙外有护城河环绕,吊桥控制出入;城墙上有敌台、敌楼、角楼、垛口、射孔;城门为防御重点,设有瓮城、箭楼、城楼、屯兵洞、马道等。目前,我国保存较完整的古代城防工程主要有西安古城墙、南京古城墙、山西平遥古城墙、辽宁兴城古城墙、湖北荆州古城墙、湖北襄阳古城墙、安徽寿县古城墙、福建惠安崇武古城墙、云南大理古城墙等。

(2)长城是我国最大的古代军事防御工程,其修筑和使用年代之长久、规模之宏大、形制之复杂、体系之严密、保存之完好,世界罕见。长城(见图4-7)不仅具有防御扰掠的军事功能,还有保护通信和商旅往来的重要的对外开放功能。万里长城"上下二千年,纵横十万里",成为中华民族历史文化的象征和代表。长城以其作为中华民族灿烂文化和民族精神的象征、世界建筑史上的伟大奇迹,强烈地激发着国内外人们的旅游兴趣,人们都以"不到长城非好汉"的气概勇敢登临长城,热情赞美长城的博大雄姿,倾吐对中华民族的爱慕与崇敬的心情。可以说,"长城热"推动着我国旅游事业的发展。

2. 桥梁

桥梁是古代重要的交通建筑,又具有高超的艺术成就。我国遗存的古代桥梁甚多,不胜枚举。河北赵县安济桥(赵州桥)、福建泉州洛阳桥、北京卢沟桥、广东潮州广济桥并称为中国四大古桥。另外,还有悬锁桥、悬臂木梁桥、廊屋桥等。

3. 水利工程

我国自古以来就特别重视水利工程的修建,现存的古代水利工程,不仅可以继续发挥作用,也具有很强的旅游吸引力。四川都江堰水利工程始建于公元前250年,是我国现存最古老的古代伟大水利工程。2000年,都江堰被联合国教科文组织列入《世界遗产名录》。此外,广西灵渠、京杭大运河、新疆坎儿井也是古代有名的水利工程。

图 4-6 古城墙
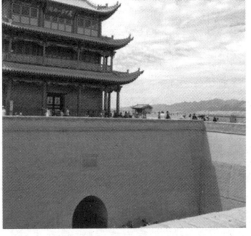
图 4-7 长城

（二）工程设施景点的讲解技巧

1. 注重功能性

工程设施类景点，其本身存在的意义是利于人们的生活，或者是作为市政设施而存在，具有实用性。而观光是工程设施与其自然背景所共同造成的或瑰丽、或奇巧、或雄伟的景象，从而吸引游客前来游览。例如，长城的功能是国家防御机制，三峡大坝首先是作为水电站而修建，都江堰更是千年的水利工程。在讲解时，要注意解读其功能性是如何发挥的，也就是对原理进行讲解。

2. 注重游览性

当然，讲解员在讲解时，不仅仅要突出该项工程的功能性，也要从文化、自然角度出发，突出其作为旅游景点的可观光性。

▶ **典例：**

各位游客：你们好！欢迎大家来到世界文化遗产都江堰景区。今天我们游览的线路是：进入离堆公园，参观堰功道、伏龙观、金刚堤、鱼嘴之后再到安澜索桥，最后原路返回。游览时间为 2 小时，希望大家游览过程中紧跟团队，请注意安全，爱护景区环境卫生。

好啦，现在请随我进入离堆公园，一路走来，我给大家介绍一下都江堰水利工程的概况。都江堰水利工程建于战国末期秦昭襄王五十五年，即公元前 256 年，由蜀郡太守李冰率民众修建而成。而今同为古巴比伦王国两河流域的灌区早已沦为沙漠，同为战国时期修建的河北郑国渠也早已被泥沙淤塞而废弃了。只有我们都江堰，至今仍是世界水利史上最先进、最科学的无坝引水枢纽工程。正如江泽民同志在都江堰市视察时说："创科学治水之先例，建华夏文明之瑰宝。"

在"5.12"汶川大地震中,二王庙、伏龙观都受到不同程度的破坏,但值得庆幸的是,文物基本完好,更为幸运的是都江堰渠首工程的鱼嘴分水堤、飞沙堰溢洪道、宝瓶口进水口都基本完好无损。我们所在的位置就是金刚堤了,请看内江对岸山坡上的秦堰楼和二王庙正在进行地震之后的恢复重建,相信很快就会展现出它往日的风貌。

各位游客,请往这边看,我们从这里来观赏这伟大工程的精妙之处宝瓶口引水工程。当时李冰要引岷江水到成都平原,就必须在玉垒山上打开一个缺口。在没有炸药的战国时期,李冰是用什么方法来解决工程的难题呢?李冰使用了冰火相激的自然方法,先使用火烧岩石,再取岷江上游的雪山之水浇泼巨石,经这么一折腾,坚硬的巨石纷纷断裂。再用铁锄、铁锹挖出来。仅开凿宝瓶口就用了8年时间,听到这儿,我想大家一定非常惊叹李冰父子和他们率领的民众的这种执着的精神。

宝瓶口的开凿还流传着一个有趣的传说,相传李冰治水前,岷江有一条孽龙,兴妖作怪,为爱护百姓,李冰便派李二郎与孽龙大战,孽龙战败,逃亡青城山王婆岩。见一老婆婆,饥饿难忍的孽龙表示要老婆婆为其做饭。老婆婆将铁链放入锅里化作面条,孽龙狼吞虎咽地吃下面条,结果动弹不得。正在此时,李二郎赶到,由黎山老母变成的老婆婆将锁住的孽龙交给二郎,嘱咐道:"不要杀他,没有龙吐水,怎么种庄稼!"于是李二郎将孽龙永远锁在离堆下的深潭里,避害兴利。

传说终归是传说,下面我们就从科学的角度来了解一下。宝瓶口宽20米,长43米,枯水期水深为8米,洪水期为12米。宝瓶口的绝佳之处就在于它既能保证进入内江灌区的水量,又能在洪水期挡住过量的洪水进入灌区。由于宝瓶口引水点高,海拔729米,成都海拔500米,两地存在落差,因此整个灌区可以做到无坝引水,自流灌溉。当夏秋季节洪水到来时,由于宝瓶口进水处窄而深,阻水作用相当显著。洪水主流只能在宝瓶口前横向流过,并且很自然地在宝瓶口右边形成一个立轴漩涡阻水,洪水越大,漩涡也就越大,阻水作用自然就越强。因此当宝瓶口前水位很高的时候,绝大部分洪水就会自动折回,经人字堤从飞沙堰溢洪道排出。这就是成都平原水大不淹、水小不干、水旱从人、不知饥馑的由来和保证。

经过金刚堤,我们来到位于离堆侧面的另一个主体工程——飞沙堰。飞沙堰起泄洪排沙和调节水量的作用。"飞沙"二字的由来也就源于此。现在请大家随我往这边走,这儿就是鱼嘴的坝口,经鱼嘴一隔,汹涌的岷江被分为内江和外江,外江排洪,内江引水灌溉。

渠首的这三项工程互相配合,互相制约,最终达到"分洪以减灾,引水以灌田"的兴利避害的目的,造就了天府之国的四川。至今都江堰水利工程已灌田1186万亩,而且以后还会发挥越来越大的作用,这就是李冰功在当代、利在千秋的伟大的水利工程。

好啦,请大家跟随我去参观下一个景点安澜索桥。过桥时请慢行,注意安全。

任务实施

高考结束后,一群来自四川的高中毕业生想到古都西安进行毕业旅行。他们曾在历史书上学过秦始皇统一六国的故事,对秦始皇这个历史人物充满了好奇。此次来西安,他们决定一定要先去秦始皇陵看看。如果你是导游,你准备怎样为他们讲解呢?

活动目的

对本任务所学建筑景观理论知识和讲解方法与技巧进行灵活运用。

活动要求

1. 教师课前布置任务,学生查阅相关资料并整理出符合团队游览要求的讲解内容。
2. 学生根据团队特点进行脱稿模拟讲解。
3. 普通话标准、口齿清晰、音量与语速适中、语调要抑扬顿挫。
4. 在讲解中要用到2—3种讲解方法和技巧。

活动步骤

1. 了解游客需求。
2. 了解景区,收集资料。
3. 撰写导游词,进行讲解准备。
4. 完成模拟讲解任务。

活动评价

教师根据学生的导游词写作、语音语调、节奏、讲解技巧等进行综合评价。

任务拓展

秦始皇,嬴姓,赵氏,名政。秦庄襄王之子。出生于赵国都城邯郸,十三岁继承王位,三十九岁称皇帝,在位三十七年。是中国历史上著名的政治家、战略家、改革家,首位完成华夏大一统的铁腕政治人物。建立首个多民族的中央集权国家,曾采用三皇之"皇"、五帝之"帝"构成"皇帝"的称号,是古今中外第一个称皇帝的封建王朝君主。

秦始皇在中央创建皇帝制度,实行三公九卿,管理国家大事。地方上废除分封制,代以郡县制,同时书同文,车同轨,统一度量衡。对外北击匈奴,南征百越,修筑万里长城,修筑灵渠,沟通水系。还把中国推向大一统时代,为建立中央集权制度开创新局面。其对中国和世界历史产生深远影响,奠定了中国两千余年政治制度基本格局,他被明代思想家李贽誉为"千古一帝"。

任务二 古镇古城类

任务引入

古镇,一般是指拥有着百年以上历史、至今仍保存完好的较大规模古代居住性建筑的商业集镇。古城是一地的政治、军事和文化中心,规模最大,并常常有城墙包围。中国历史悠久,广阔土地上有着很多文化底蕴深厚的古镇古城,而这些昔日繁荣的聚落形态,因其保留着旧时的文化特色,而成为今天的旅游热点。

任务剖析

一、古镇古城的特点

古镇古城既富有地方风格,又具有历史文化色彩。所谓地方风格,是指它适合当地的环境条件,采用当地的材料,营造别具一格的居室形态(包括造型、雕刻、绘画、色彩等);所谓历史风格,则是指它在不同朝代的建筑格式和格调。

古民居的历史越悠久,保存越完好,其科学、文化价值和对游客的吸引力也越大。古镇古城因其有独特的文化魅力、历史气息,以及保存着原住居民传统的生活方式和生活环境,吸引着大量游客。古镇古城有以下特点。

(一)注重地理位置,注重生活环境,追求与自然和谐

无论是古代的半穴居住宅还是明清的成熟四合院,在选址、布局和构成等方面都很注意地理位置、生态环境,如"背山面水""坐北朝南"等都体现了这点。从民居的地理位置和结构布局来分类,有以下几类。

1. 相对规整的院落式

这类民居大多建在平原地带的民居景现,包括北京的四合院、东北大院、江南三进四合式的四合院,从外到内,都结构规整,布局方正。其中最典型的要数北京的四合院,显得整齐、大气,体现了封建礼制中正、稳重的特点,体现了以中轴线为对称的布局特色,是一种成

熟的民居。

2. 相对不规整的自然型民居

主要指建在丘陵、山地或高原上的民居，包括黄土高原的窑洞民居、四川民居、云南傣族干栏式民居、苗族的吊脚楼民居等。这些民居大多呈现出一种原始的自然状态，随着地理位置的高低来变化屋身、屋顶的高度，结构大多不规整，较为简约，显得更为轻巧、错落。

3. 除这两类之外的其他独特的民居

主要包括内蒙古的蒙古包、福建的土楼等。蒙古族由于是游牧民族，便形成了拆装方便的圆形包式民居，而福建则由于其特殊的风俗习惯等原因形成了独特的土楼式民居。

（二）从古至今的建筑越来越呈现群体性，并富于变化，更注重布局装饰

古镇民居不同于西方的单体高大建筑，大都以典雅、和谐的群体美、整合美取胜。而且在布局装饰方面十分讲究，如江南天井院屋内布局有月梁、走马楼、窗雉、渠雕、灯笼挂钩、堂屋、卧室等，既实用又美观。

（三）类型丰富多样，富有民族文化特色

我国地域广大，民族众多，文化丰富，民居建筑考究，而且种类多样。因为地理位置、气候状况以及文化习惯的不同，民居和以民居为主要组成部分的古镇其形式就不尽相同，类型可谓丰富，还具有不同的民族文化特色。

二、古镇古城的讲解技巧

（一）注意结合民族文化，小中见大，平淡中见神奇，引导游客去体会文化内涵

许多古镇民居的一砖一瓦、一桥一阁，包括许多装饰物虽然随着岁月的流逝和环境的变化渐渐地变得很不起眼，但其实里面蕴含着丰富的历史内涵和深刻的民族文化。只有当我们了解了相关的历史文化和人文背景之后，才会在游览时觉得值得回味，古镇民居是古代人们栖息、活动的场所，是表现其社会意识形态、民族精神的较直接、较集中的载体之一。

（二）挑选最佳游览时间，以期达到最佳审美效应

我们现在能够看到的、历史文化价值较高的古镇民居大多始建于一百多年前。随着时光流逝，很多已陈旧破落，修缮它们时必须保持原味原貌，所以展现在我们面前的是一种古老质朴的淡色调的美，白色或灰色的墙、青色或黑色的瓦、苍劲的石桥、素雅的雕刻等，都是一种与富丽堂皇的宫殿建筑有着不同风格和味道的景观。

（三）从整体着眼，注意与周围环境的和谐性

古人对村落、家园、民居的选址极其注意符合"枕山、环水、面屏"的风水理论，体现一种以山为本或以水为本的山水田园特色，这就决定了我们首先一定要注意景观与周围环境的

和谐统一。其次,讲解古镇民居景观必须充分体现其所在的地理位置和周围环境,这样才能使游客得到一种理想、完整的美的享受。

任务实施

小李所就职的旅行社最近新开了到阆中古城的旅行线路,为了讲好阆中古城,带给游客更好的旅行体验,小李决定和同事们一起去阆中古城先实地考察,再来撰写导游词。

活动目的

对本任务所学古镇古城的理论知识和讲解方法与技巧进行灵活运用。

活动要求

1. 教师课前布置任务,学生查阅相关资料并初步撰写导游词。
2. 师生进行实地考察。
3. 学生在景区进行现场讲解。
4. 在讲解中要用到2—3种讲解方法和技巧。

活动步骤

1. 了解景区,收集资料。
2. 撰写导游词,进行讲解准备。
3. 景区现场讲解。
4. 教师记录学生讲解情况并予以点评。

活动评价

学生自评、游客评价、教师评价。

任务拓展

阆中古城5A景区总面积达4.59平方千米,古城核心区域2平方千米。古城的建筑风格体现了中国古代的居住风水观,棋盘式的古城格局,融南北风格于一体的建筑群,形成"半珠式""品"字形"多"字形等风格迥异的建筑群体,是中国古代建城选址"天人合一"完备的典型范例。阆中古城立于山环水绕的穴场吉地,其建筑布局,也严格遵循风水穴法规划布局。阆中山环水绕而择定的城市中心,建有中天楼,以应风水"天心十道"之喻。城内其余街巷,均以中天楼为核心,以十字大街为主干,层层展开,布若棋局。各街巷取向无论东西、南北,多与远山朝对,古城中大量的民居院落上千座,主要为明清建筑,歇山单檐式木质穿斗结构,鳞次栉比,青瓦粉墙,雕花门窗。院落或坐北朝南,坐东朝西,以纳光避寒;或靠山面水,接水迎山,以藏风聚气。

任务三 宗教民俗类

任务引入

宗教是人类社会发展进程中的特殊的文化现象,是人类传统文化的重要组成部分,它影响到人们的思想意识、生活习俗等方面。宗教在其形成和发展过程中不断吸收人类的各种思想文化,与政治、哲学、法律、文化包括文学、诗歌、建筑、艺术、绘画、雕塑、音乐、道德等意识形态相互渗透、相互包容,逐步形成属于自己的宗教文化,成为世界丰富文化的组成部分。广义上讲,宗教本身是一种以信仰为核心的文化,同时又是整个社会文化的组成部分。

任务剖析

由于宗教有着广泛的社会基础,其建筑文化景观也必然表现出极强的社会功能。正因为如此,历经千百年,许多宗教建筑才被幸运地保存下来,特别是一些木构建筑和石窟佛塔。中国的宗教文化景观又大多建于名山之中。一是山岳的清静悠远能够体现出宗教的超凡脱俗;二是山的自然地势、自然景物有利于宗教建筑增加气势,营造一种虚幻境界从而增强宗教文化景观的崇高感、神秘感。

一、佛教景观

(一)佛教景观的特点

1. 建筑艺术

由于佛教这种异域文化的传播,使得中国的文化更加多元化,表现在建筑艺术方面,则是在各地兴起了建塔造寺的热潮,涌现了很多佛寺、佛塔、佛教窟建筑。佛教建筑分为寺庙艺术、石窟艺术和佛塔艺术。图 4-8 所示为少林寺。

图 4-8　少林寺

2. 雕塑艺术

佛教雕塑主要是指寺院和石窟中雕刻、塑造的佛像,以及各种金、石、玉、陶等雕刻成的器皿等艺术品,是佛教艺术的集中体现。在佛教各类雕塑品中,佛教造像是最有艺术表现力、最吸引人的注意力和观赏兴趣的景观。

(二)佛教景点的讲解技巧

1. 建筑本身的艺术性

寺院建筑有的造型别致,有的材料特殊,有的环境奇特,有的规模宏大,都具有非常强的艺术性。

2. 塑像的艺术性

讲解员在讲解中,应该既把握塑像的宗教内涵,又能发现其艺术因素。突出寺院建筑中的塑像的艺术性,主要从材料、造型、神态、色彩几个方面入手。

3. 佛教礼仪讲解

在游客游览寺院的过程中,如果正巧遇佛教节日,寺内举行一些祭祀活动。这时讲解员可根据游客的兴趣做简单的佛教礼仪、礼俗介绍。

二、道教景观

(一)道教景观的特点

山林是道士们的栖居之地,深山清静自然的环境,恰好是道教徒们把崇尚自然、乐好清净的旨义落到实处的最佳环境。怪石嶙峋的奇山异水、古木参天的幽谷胜境,皆因涂上了道教的色彩而在修道人眼中具有鲜活的生命。巍峨的大山显示得道人的心胸和品格,涓涓溪流有平和的气质,水波浩渺的江河湖海更可以使人领悟"上善若水"的"道"的玄机。山清水秀的洞天福地,不仅成为仙真高道的栖身之地,更吸引众多修道者来此游方问道,于是逐渐成为道教的宗教圣地,因此也逐渐成为大众的旅游胜地。

1. 道教的文学艺术

道教中的优秀文学作品丰富了中国文学的宝库,即使是其中那些徒具诗、词、歌、赋的形式而艺术性并不是很高的道经,对于研究文学形式的演变和音韵的变化等也具有参证意义。道教文学促进了中国文学中浪漫主义手法的形成和发展,尤其表现在游仙诗和神仙诗词等作品中。李白、李贺、李商隐、陆游等都热衷于道事,留下了许多令人赞不绝口的道教诗文,不少道士也都有诗集传世。总之,道教对中国文学的内容和形式都产生了巨大的影响。道教文化借山水以传情,山水也借之而显名。如陆游在返青城山时写下了《长生观观月》(见图4-9),使青城山闻名遐迩,平添不少人文色彩。

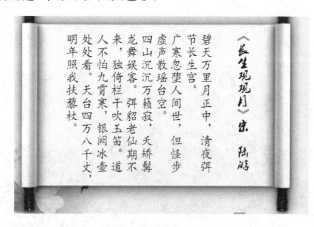

图 4-9　陆游的《长生观观月》

道教美术源远流长,作品众多,对中国美术影响深远。以山水画为例,它的起源与道家思想和道教义理有密切联系。除了山水画,道教美术作品还有道教始祖、神仙鬼怪等的石刻造像、道祖故事画,以及举行道教仪式时悬挂的水陆画、修道生活画等,这些艺术品具有极高的观赏价值。道教神仙画的内容和技法对民间美术有深刻而广泛的影响,至今仍然可以在壁画、版画、年画等艺术形式中看出。道教美术因其观赏性而可以以展览等形式直接成为很好的道教旅游文化资源。

2．洞天福地与宫观、园林

道教崇尚自然,顺应自然,返璞归真,清静无为,追求境界超脱、羽化成仙,因而,其活动场地多选择在风景秀丽、环境清幽的地方,并分为道场和洞天两种。道场主要有江西龙虎山、安徽齐云山、四川青城山、湖北武当山等;洞天意谓洞中别有天,为神仙居住的洞府,此外还有一些福地。道教的洞天福地多位于名山中,如五岳。按照杜光庭《洞天福地岳渎名山记》所载,道教的洞天福地包括十大洞天、三十六小洞天、七十二福地。洞天福地绝大多数自古以来就是闻名于世的旅游胜地。

宫观往往坐落于道教名山中,风光绮丽,奇绝秀美,气候宜人;又或掩映在人迹罕至的青山绿水之间,或静卧于隔断尘嚣的闹市高墙内,成为休憩佳处、旅游胜地。道教名山的自然风光和道教宫观往往珠联璧合,"深山藏古观,幽径通殿堂。"就整体布局而言,宫观建筑模仿人体,讲究中轴线对称;从建筑结构上讲,宫观建筑为土木建筑、宫殿式结构,强调天圆地方、阴阳五行的理念;从选址上讲,宫观建筑重视风水;宫观建筑还吸收了佛教寺院建筑的某些特点,表现在殿堂布局上,一般是山门、灵官殿等在前,主要殿堂居中,藏经楼在后,两厢为配殿等。自然风景式宫观园林开我国宗教园林之先河,道教园林是我国宗教园林的主体部分之一,是我国园林艺术中的瑰宝。道教园林极大地丰富和发展了我国的园林艺术,其美学原则和实践对其他宗教园林、皇家园林和私家园林都产生了较大的影响。道教园林不仅数量可观,而且各有特色,绚丽多彩,具有较高的艺术价值和观赏价值,成为各地著名的风景旅游名胜。图 4-10 所示为崂山太清宫。

图 4-10　崂山太清宫

3. 庙会等民俗及道教的养生特色饮食

道教对我国古代风俗习惯影响极深,岁时节日、民间祭祀、日常生活等许多方面的风俗,往往都或明或暗地打上了道教的烙印。其中有些是早已形成的风俗,后来加入了道教的内容;有些本是道教的内容,长期浸染,沿袭成俗。古代人们就将各种宗教节日、民间风俗、民间艺术和集市贸易融为一体,这尤其突出地表现在庙会上。庙会文化现在已经发展成为独具特色的文化艺术节,它们往往以道教传统节日为依托,利用道教仪式和道教文化中的神仙传说,融入现代高科技成果和商品经济的新内容,集宗教、经贸、旅游、文艺于一体,推动地方经济的起步,促进经济贸易的发展。

一些道教宫观所研制的饮食颇为独特,如青城山的"白果炖鸡",以古常道观汉代张陵手植白果树所结果实为原料,不仅味道清醇,富于营养,而且带有历史文化的芬芳;山东崂嵛山充分利用地处滨海的优势,用山珍海味制成七珍菜,为人称道;武汉长春观擅长素菜,色、香、味、形、名、器六者俱佳。道教倡导清心寡欲,返璞归真,其饮食往往利用当地天然物产精制而成,讲究营养和清淡,不求肥甘。如青城泡菜,所用原料均为常见蔬菜,制作时强调菜、水、器皿、佐料均洁净不染,制成后十分爽口。还有不少宫观采摘山花野菌制作菜肴,别有一番风味。道教对于酒和饮料也很重视,青城山的洞天乳酒、江西龙虎山的天师家酒以及江西的麻姑酒等均有独特的配方,享誉中外。崂山道饮、罗浮山九仙观矿泉水等则得益于当地清泉。道教对饮茶也颇有研究,青城贡茶、茅山茶、武当茶均很有名,一些道士喜欢饮用自己晾制的原茶,苦而有本真之香味。道教的这些特色饮食深受教外人士的喜爱。

(二) 道教景点的讲解技巧

1. 道教的哲学思想

道教的哲学思想是中国传统文化的重要组成部分,尤其是其辩证的思想,至今仍然有着非常积极的意义。虽然这种思想被包裹上了一层宗教的外衣,但是其精神实质仍然是讲解员应该重点把握的。比如说道教的内养修炼,也称之为气功,是人体内精、气、神的凝聚和炼养,以达到强身健体的目的,讲解员如能给予科学的解释,游客的满足程度就会提高。

2. 道教建筑的艺术特色

道教建筑的艺术性体现在各个方面,主要有殿堂等主题建筑的奇妙构思,精美的艺术装饰,形态各异的神像雕塑,以及表现宗教内容的各种壁画,琳琅满目,美不胜收。讲解员要善于发现道教建筑的美学价值,并把这些内容生动传神地介绍给游客,在大殿建筑的结构中,如秦安岱庙的天贶殿,因为是历代帝王祭祀供奉山神的地方,所以建筑规格极高。屋顶是只有皇宫才可使用的重檐庑殿顶,面阔与宫殿的九间等齐。大殿内三面墙绘满了彩色壁面,其中泰山神启跸回銮图壁画,全图长62米,高3.3米,原画为中国宋代的巨幅壁画,构图精巧,人物众多,技法精湛,成为我国古代绘画中的精品,生动地描绘了东岳大帝出巡和返回的壮观场面。山西芮城永乐宫三清殿的壁画(朝元图),共有神仙人物286位,形象鲜明,气势恢宏,与敦煌壁画并称为我国壁画中的佛道双绝。

道教建筑中的装饰艺术在我国古建筑中占有重要的地位。其中的石雕、木雕,内容丰富,技法精湛,具有极强的审美价值。道教建筑中的雕塑艺术是中华文化的瑰宝,现存下来的各类神像雕塑精品既有宋代、元代的作品,也有明代和清代的作品。有木雕、石雕,也有泥雕和铜铸,极大地丰富了中国雕塑艺术的宝库。例如山西晋城玉皇庙中的"二十八星宿"、北京东岳庙中的"七十二司神像"、成都青羊宫的"十二生肖石刻像",以及河北安国的药王庙中的中国历代名医塑像,都是引人注目的精品。

3. 道教建筑的历史价值

我国有些道教建筑在历史上曾有着显赫的地位和重要的影响,有的与统治者结下了不解之缘,如秦安岱庙,是历代皇帝举行封神大典的必去之处,地位极高;北京白云观自元代以来,受历代皇帝的青睐。有的对道教的发展起着举足轻重的作用,如陕西的楼观台、四川青城山的天师洞、江西龙虎山的上清宫、广东罗浮山的冲虚道观、湖北武当山的紫霄宫等都具有很高的历史价值。讲解员在讲解时,要突出道观的社会历史价值,这对游客全面了解历史、认识道教有着十分重要的意义。

▶ **典例:**

青城山中云茫茫,龙车问道来轩皇。当封分为王岳长,天地截作神仙乡。这"神仙乡"指的就是我们脚下的青城山了。那作为一个供奉着道家众多神仙的神山,青城山可谓是处处有玄机了。就拿我们眼前的这"鸳鸯井"来说,它可不是寻常水井那么简单。

这"鸳鸯井"传为五代前蜀所凿,乾隆《灌县志》称为"八卦鸳鸯井"。鸳鸯井占地约一平方丈(丈≈3.3米),井深均为一丈,两井位置相距不足一米,井口形状为一方一圆,圆者为雄井,与鸳鸯井中的鸳字对应,方者为雌井即鸯井。两井象征男女,其泉源相通,但却一清一浊、一浅一深。清人高溥有《题鸳鸯井》诗:"盈盈双井小廊西,锡号鸳鸯费品题。地面相离刚咫尺,泉源歧出异高低。水原清静无澜起,理有雌雄莫浪迷。寄语栖真诸羽客,盈虚消息即玄机。"这首诗也证明了从古时起,这鸳鸯井就令人琢磨不透。

这两井位置等高,深度相当,且井中之水为同一源头所聚。按理说,两井中之水应该一样,但实际上两井中的水却有着天壤之别。首先,两井中之水清浊不一,圆井中之水长年浑浊,而方井中之水则长年清澈见底。其次,两口井虽然同出一个源头,且井口高度等高,井底深度一致,但是两口井的水面却不一致,时而圆井水面高于方井水面,时而方井水面又高于圆井水面,总之两井水面无法保持同一水平线。最后,两口井虽然同源,但井水温度却并不一样,有人专门用温度计做过测试,圆井水浊而温度高,方井水清而温度低。

更加神奇的是,据村民介绍,农历五月初五端午节以前,上木井里的水清澈,下木井里的水浑浊。端午节后,两井开始"换班";上木井里的水变浑变臭,水面泛起一层金黄色的东西,如粪便,不能饮用;而下木井里的井水则逐渐变清变甜,供居民饮用;到了中秋节,两井再次"换位"。但不管它们怎么变化,总有一口井的水是清澈的、甘甜的。年年如此,从未错过日期。而且,当村民提井上木井的水时,下木井的水位会自然下降;反之,提下木井的水时,上木井的水位也会随之下降。鸳鸯井为何出现这些神奇的现象实在令人费解。

游客朋友们,你们可否解答这鸳鸯井的奥秘呢?大家可以动动脑筋,大胆地来猜想下这鸳鸯井的玄机。

三、伊斯兰教景观

(一)伊斯兰教景观的特点

1. 中国寺院的完整布局

中国清真寺大多采用中国传统的四合院,并且往往是一连串四合院制度。其特点是沿一条中轴线有次序、有节奏地布置若干进四合院,形成一组完整的空间序列;每一进院都有自己独具的功能要求和艺术特色,且又循序渐进,共同表达着一个完整的建筑艺术风格。

2. 中国化的建筑类型

内地清真寺的结构体系和建筑型制,一般都具有中国的特点。这些特点突出表现在大门、邦克楼和礼拜大殿等主要建筑上。甘肃及西南迤西一带清真寺,一般也多用三五开间的大门,大式大木结构。大门上起楼,多为三层木塔式建筑。大门前时常利用前檐柱作为木牌坊三门,带八字墙及斗栱等。这种大门既是清真寺的标志和出入口,又可以起到邦克楼的作用,一物三用。中国大木起脊式的礼拜大殿,内地清真寺的礼拜大殿及主要配殿通常都是大木起脊式建筑,用斗栱。大殿一般由前卷棚、大殿殿身、后窑殿三部分组成。这三部分各有起脊的屋顶,上面用勾连搭的形式连在一起,形成一座完整统一而又起伏灵活的大殿建筑。大殿的平面形制多样化,有矩形、十字形、凸字形、工字形等。后窑殿一般不采用砖砌圆拱的早期做法,而是亦木亦砖,搭配使用。后窑殿的式样更是百花齐放,有单槽、重檐、三重檐的十字脊或各种亭式脊,变化甚多,不胜枚举。

3. 中西合璧的建筑装饰

丰富多彩的建筑装饰,是中国清真寺建筑艺术的重要组成部分,也是中国清真寺建筑的鲜明特点之一。不少清真寺都成功地将伊斯兰装饰风格与中国传统建筑装饰手法融会贯通,把握住建筑群的色彩基调,突出伊斯兰教的宗教内容,充分利用中国传统装饰手段,取得富有伊斯兰教特点的装饰效果。

4. 富有中国情趣的庭园处理

中国清真寺大多具有浓厚生活情趣的庭园风格,反映中国穆斯林不避世厌俗,注重现实的生活态度。他们在寺院内遍植花草树木,设置香炉、鱼缸、立碑悬匾、堆石叠翠、掘地架桥,大有"小桥流水"的园林风味,试想,人们在完成严肃的宗教功课之余,漫步庭院,观赏那袅袅香烟、吐芳花木,站在小桥上听流水潺潺、赏金鱼游嬉,内心该是何等欣慰。

(二)伊斯兰教景点的讲解技巧

1. 从建筑的功能角度讲解

伊斯兰教的建筑物都有特定的实用功能,并与伊斯兰教的信仰、仪式有着密切联系,因此在讲解清真寺时,讲解员要将建筑与伊斯兰教文化相结合,有针对性地讲解。如浴室是清真寺独有的建筑之一,这个特点区别于其他宗教建筑物。如讲解员能结合伊斯兰教礼拜时必须做到身净、衣净、处所净的要求来进行讲解,就会生动有趣得多。如讲礼拜大殿时,为什么要面向西方,为什么不设偶像等宗教常识,也是游客比较感兴趣的内容,讲解员应客观地、准确地予以介绍,使清真寺的游览变成建筑艺术的鉴赏与宗教文化的探求相结合的旅游方式。

2. 从建筑的艺术角度讲解

伊斯兰教无论是具有中国传统特色的殿堂式建筑或具有阿拉伯风格的穹隆式建筑都具有较强的观赏性,建筑本身对旅游者的吸引力是伊斯兰教旅游的价值所在,因此,讲解员首先应从建筑本身的艺术性角度入手进行讲解,突出其与众不同的建筑特色,满足游客求新求异的心理需求。

四、基督教景观

(一)基督教景观的特点

1. 造型风格独特

中国的基督教建筑,有着明显的西方建筑风格,看惯了中国传统建筑的旅游者,会产生别具一格的感觉,从而产生旅游兴趣。基督教堂的风格主要有罗马式、拜占庭式、哥特式。

罗马式教堂:欧洲进入中世纪之后,封建势力割据,战乱频繁,国力和财力均不及古代的罗马帝国。基督教和封建主义企图借建筑之壮阔雄伟显示其威严,罗马式教堂的雏形是具有山形的墙和石头的坡屋顶,屋顶呈圆拱形,如厚实沉重的墙壁,是半圆形的拱门、窗孔和圆形的穹隆形屋顶。这种受古罗马建筑影响而又不及古罗马建筑的教堂,被称为方罗马式教堂,简称罗马式教堂。罗马式教堂最早见于古罗马首都,直到公元十一二世纪才逐渐传到欧洲的其他地区,如法国、英国和欧洲诸国。

罗马式教堂的外形像封建领主的城堡,以坚固、沉重、敦厚、牢不可破的形象显示教会的权威。教堂的一侧或中间往往建有钟塔。屋顶上设一采光的高楼,从室内看,这是唯一能够射进光线的地方。教堂内光线幽暗,给人一种神秘的宗教气氛和肃穆感及压迫感。教堂内部装饰主要使用壁画和雕塑,教堂外表的正面墙和内部柱头多用浮雕装饰,这些雕塑形象都与建筑结构浑然一体。罗马式时期的雕塑具有古代雕塑的气魄,较多运用变形夸张手法,但又不同于古代的写实风格。

拜占庭式教堂:西方美术史上把以东罗马教堂首都拜占庭为中心的官方艺术称为"拜占庭艺术",这是拜占庭文化与基督教文化相结合的艺术形式。其风格特点是罗马晚期的艺术形式和以小亚细亚、叙利亚、埃及为中心的东方艺术形式相结合,有浓厚的东方色彩,同时又融合了西方艺术的雄健博大。从美学上看,拜占庭式的建筑对线条之美的表现十分特殊,与罗马式厚重的墙壁相比,其采用较为轻薄的墙、较高的屋顶和较大的窗户。它的双层柱头显得十分华美,有的艺术家称其是美术史上较雅致、较华丽的柱式之一。当然,最值得称道的还是它的彩色镶嵌玻璃纹样。拜占庭建筑中最有代表性的是君士坦丁堡圣索菲亚大教堂。

哥特式教堂:最初出现在法国,现今世界最大的哥特教堂是米兰大教堂。哥特式教堂建筑在艺术造型上的特点:首先在体量和高度上创造了新纪录,从教堂中厅的高度看,德国的科隆中厅高达48米;从教堂的钟塔高度看德国的乌尔姆市教堂高达161米。其次是形体向上的动势十分强烈,轻灵的垂直线直贯全身。不论是墙和塔都是越往上划分越细,装饰越多,也越玲珑,而且顶上都有锋利的、直刺苍穹的小尖顶。不仅所有的顶是尖的,而且建筑局部和细节的上端也都是尖的,整个教堂处处充满向上的冲力。这种以高、直、尖和具有强烈向上动势为特征的造型风格是教会的弃绝尘寰的宗教思想的体现,也是城市显示其强大向上、蓬勃生机的精神反映。

2. 装饰艺术精湛

基督教教堂的装饰表现在对墙柱、门窗的装饰上,雕刻造型尽量表现材料的粗犷和质感。在内部装饰上各有特色,形成独特的装饰风格,塔楼变化多样,或是雄伟高耸,或是以造型为变化,或是以装饰突出美化,开设拱窗,各有韵味。

(二)基督教景观的讲解技巧

1. 突出宗教文化内涵

讲解员在对基督教的讲解中,要把与宗教有关的文化内容联系起来讲解,解读基督教的一些基本教义。如通过讲解耶稣、犹大等基督教人物,或是圣诞节、复活节等基督教节日的由来,使旅游者对基督教文化有基本的了解。

2. 突出建筑艺术特点

在讲解时,讲解员要将西方建筑风格和宗教建筑内容结合起来,比如,讲哥特式建筑风格,就应将哥特式建筑的由来、其风格特点及在西方建筑中的作用进行讲解。这样,游客可以更了解相应文化,也可增强表现力。

任务实施

小李所在的旅行社推出的短途旅游线路中,峨眉山—乐山两日游一直是店内的热门旅游线路,下周,小李就会带着一群高二学生前往峨眉山、乐山参观游览。在此之前,请你为小李的讲解出谋划策吧。

活动目的

对本任务所学宗教文化知识和讲解方法与技巧进行灵活运用。

活动要求

1. 教师课前布置任务,学生查阅相关资料并确定讲解景点。
2. 学生撰写一个景点导游词。
3. 教师指导修改学生导游词。
4. 班级内模拟讲解。

活动步骤

1. 了解景区,搜集资料。
2. 撰写导游词,进行讲解准备。
3. 教师记录学生讲解情况并予以点评。

任务拓展

中国佛教四大名山分别是安徽九华山、山西五台山、浙江普陀山、四川峨眉山,分别是地藏王菩萨、文殊菩萨、观世音菩萨、普贤菩萨的道场。

四大名山随印度佛教的传入,自中国汉朝开始建寺庙、修道场,延续至今。中华人民共和国成立后得到政府的历史性保护,确定作为文化文物重点管理单位,并对寺院进行了修葺,现已成为蜚声中外的宗教、旅游胜地。

任务四 旅游商品类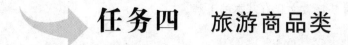

任务引入

小李所带的旅游团今天就要结束旅行返程了,在离开成都前,大家都想带些有四川特色的纪念品回家。于是小李把游客们带到了锦里,让他们挑选购买满意的商品。一名游客对蜀绣非常感兴趣,觉得非常的精致漂亮,而当他想了解更多蜀绣背后的文化时,小李却犯了难,自己对蜀绣的知识也不是很了解呢……

任务剖析

一、旅游商品的特点

20世纪70年代末、80年代初,随着境外游客陆续涌进,中国的旅游商品应运而生。随着经济的发展,中国的旅游业逐渐发展并兴旺起来,但作为旅游要素之一的旅游购物,却长期处于缓慢的自然发展状态。旅游业的发展使我国公民对旅游这个经济链的要求越来越完善,除了导游、交通工具等的要求,还有一种便是旅游商品,景区热点旅游商品不足,导致游客会丧失很多游玩的乐趣。所以旅游市场呼唤热点旅游商品。

(一)纪念性

对旅游者而言,旅游是一段短暂的经历,是一种心理体验和精神享受。旅游纪念品是旅游者游览经历的物化,是其日后重温美好旅游经历的象征和载体,因此,纪念性是旅游商品的显著特征。

(二)文化性

文化渊源是旅游纪念品的生命力所在。现在旅游的性质是一项以不同地域间人员流动为特征,涉及经济和政治等多方面的社会文化活动。文化特征越鲜明、文化品格越高的旅游商品其价值越高。

（三）实用性

一些旅游商品除了具有文化艺术性外，还具有一定的使用价值，它对旅游者的旅游活动具有某种实际意义。

二、旅游商品的讲解技巧

（一）从审美角度讲解

审美功能是通过产品的外在形态给人以赏心悦目的感受，唤起人们的生活情趣和价值体验。旅游纪念品的审美表现应与地方文化特色相协调，围绕使用和认知功能来展开。例如，云南地区的扎染，便体现了当地文化，扎染作为当地的特色旅游产品，不仅仅是作为服饰或布艺颜色的代表，也在制作当地特色扎染纪念品方面表现其审美功能。给人以亲切温馨的感受和对生活意义的感悟等，再比如，有突出地域文化特征的旅游纪念品西藏唐卡，它的色彩搭配、绘制过程等都具有极高的艺术审美价值。

（二）从实用角度讲解

商品是为了满足人的需求所造，旅游商品也是一样。讲解员在讲解时也要注意讲解旅游商品的实际用途。

（三）从文化角度讲解

旅游商品具有文化代表性，它带有一个地区或民族的文化特点和历史发展的痕迹。如唐卡的起源和发展兴衰都与藏传佛教息息相关，蜀锦代表了中国丝绸文化和传统丝织工艺的发展，景泰蓝是皇家文化的重要组成部分，也是我国知名的传统工艺品。

任务实施

本周的班会课将以"旅游商品小市场"为主题，同学们化身为推销员，讲解并销售自己的旅游商品，来比比看哪个小组的营业额更高。

🎯 活动目的

对本任务所学旅游商品知识和讲解方法与技巧进行灵活运用。

✈ 活动要求

1. 教师课前布置任务，学生查阅相关资料并确定要推销的旅游商品。
2. 学生准备介绍词。

3. 小组分工合作。

 活动步骤

1. 分组，每组确定一个旅游商品和一个推销员。
2. 小组准备 PPT、商品和讲解词。
3. 班会课进行活动，其他同学每人一票选择喜欢的旅游商品，票数即为营业额。
4. 活动结束，评选最佳搭档小组和最佳销售员。

任务拓展

蜀绣，四川省成都市特产，中国国家地理标志产品。蜀绣又名"川绣"，与苏绣、湘绣、粤绣齐名，为中国四大名绣之一，是在丝绸或其他织物上采用蚕丝线绣出花纹图案的中国传统工艺。作为中国刺绣传承时间较长的绣种之一，蜀绣以其明丽清秀的色彩和精湛细腻的针法形成了自身的独特韵味，丰富程度居四大名绣之首。蜀绣历史悠久，最早可上溯到三星堆文明，东晋以来与蜀锦并称"蜀中瑰宝"。蜀绣以软缎、彩丝为主要原料，针法包括 12 大类 122 种。具有针法严谨、针脚平齐、变化丰富、形象生动、立体感等特点。2012 年 12 月 3 日，原国家质检总局批准对"蜀绣"实施地理标志产品保护。

项目小结

一个景区之所以让人流连忘返或印象深刻，除了因为它的美景外，更因为其深厚的文化底蕴让人着迷。作为一个导游人员，应努力提高自己的文化素养，准确、生动地讲解人文旅游景点。

项目训练

一、知识训练

1. 在古代建筑中，平民百姓可以用的开间数是（　　）。
  A. 3 间　B. 5 间　C. 7 间　D. 9 间
2. 中国古建筑中屋顶等级最高的是（　　）。
  A. 悬山顶　B. 硬山顶　C. 歇山顶　D. 庑殿顶
3. 四川峨眉山是（　　）的道场。
  A. 文殊菩萨　B. 地藏王菩萨　C. 普贤菩萨　D. 观世音菩萨
4. 都江堰被联合国教科文组织列入《世界遗产名录》是在（　　）。
  A. 1982 年　B. 2000 年　C. 2007 年　D. 1992 年

5. 蜀中瑰宝是指(　　　　)。

A. 蜀锦　B. 瓷胎竹编　C. 蜀绣　D. 川剧脸谱

二、能力训练

实训目的：

通过实训,学生可以熟练地掌握人文景观的讲解方法与技巧。

实训要求：

1. 讲解对象：研学团队。

2. 选择讲解的景区景点。

3. 重点突出,具有文化内涵。

4. 运用2—3种讲解技巧和方法。

5. 脱稿讲解。

6. 语言准确得体。

实训内容：

四川省内世界遗产、5A级景区。

实训步骤：

1. 选择确定讲解景区。

2. 分析讲解对象。

3. 了解景区,收集整理资料,选择讲解景点。

4. 撰写、修改讲解词。

5. 讲解练习,小组内互评。

6. 模拟景点讲解。

7. 老师和小组间互评。

项目五
讲解风格的选择技巧

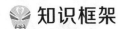 项目目标

职业知识目标：
1. 认知不同风格的景点讲解在语言上的特点。
2. 根据不同讲解风格，了解旅游景点讲解员要讲解的主要内容。
3. 掌握提高讲解员讲解质量的方法。

职业能力目标：
1. 根据游客的文化背景，有针对性地选择讲解风格，使讲解更加形象生动。
2. 讲解员能够结合自己的个性特点形成具有个人特色的讲解风格。

职业素养目标：
1. 领略不同讲解风格的语言魅力。
2. 获得职业认同感，从而热爱导游这一职业。

知识框架

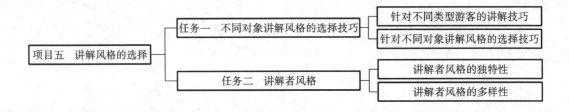

教学重点

1. 结合实例,学习如何面对普通游客,使讲解通俗易懂。
2. 结合实例,学习如何针对知识文化层次较高的游客,多作知识性、历史、文化、传统的介绍,使讲解具有典雅风格。
3. 结合个人特点进行探索,形成自己的讲解风格。

教学难点

通俗讲解风格 典雅讲解风格 语言特点

项目导入

小林是一位成都的景区讲解员,在武侯祠讲解已经好多年了。不久前,旅游部门请她去给讲解员做后续培训,小林以自己的体验为例说:"到成都的国内外旅游者都会到武侯祠参观,但是讲解员的讲解如要做到内容深浅恰当、雅俗相宜,努力使每个旅游者都能游有所获,就应根据对象的不同而有所区别。对初次远道而来的旅游者,讲解员可讲得简单一些,简洁明了地做一般性介绍;对多次来成都的旅游者则应该多讲一些,讲得深一点;对比较了解成都的旅游者,导游词的内容应该广一些,比如讲一些典故和背景材料;对研究古建筑和中国历史的学者,讲解员就应对他们感兴趣的专业内容作比较详细、深入的讲解,还可进行一些讨论;对文化层次比较低的旅游者就得多讲些传闻轶事,尽力使讲解更生动、风趣。这就要求讲解员懂得灵活地安排讲解内容。"

"讲解的语言也要有相应的变化,如对专家、学者,要严谨规范;对文化水平较低的旅游者,讲解语言要力求通俗易懂;对年老体弱的旅游者,语速慢一些,重要内容多重复几遍;对青少年,语调应活泼欢快,使用新潮时尚的词语……"

1.本案例对你有什么启发?
2.针对不同的对象,应该怎么进行讲解?

任务一　不同对象讲解风格的选择技巧

任务引入

本任务中选取"天安门广场讲解"和"兰亭景点讲解"进行对比学习,学习如何面对不同游客进行讲解,有技巧地选择讲解方法,讲解能够做到深浅恰当、雅俗相宜,努力使每个游客都能游有所获。而在"天安门广场讲解"和"兰亭景点讲解"学习中,讲解员要随着观景方位的移动,按照解说词介绍旅游地,激发游客探索兴趣。并通过具体的景点讲解学习,能够举一反三,突出讲解景点最具魅力、最为传神的部分。

任务剖析

一、针对不同类型游客的讲解技巧

(一) 针对性地讲解

1. 了解游客的动机和目的
如观光、度假、商务、会议、宗教朝圣等。

2. 了解游客层次
对一般游客,需要讲得通俗易懂;而对文化层次高的游客则可以讲得深一些。

3. 了解游客的地域
地域不同,游客的文化背景、风俗、生活习惯和价值观都不同,应采用相应的接待方式。

(二) 有计划地讲解

按照游客需求、不同时间、不同地点等条件,有计划地安排导游讲解的内容,做到目的性和科学性相结合。

（三）灵活地讲解

灵活性讲解要求因人而异，因时制宜，因地制宜，且能随机应变，触景生情。

（四）风趣幽默地讲解

讲解过程中要合理运用语言艺术和技巧，做到生动、形象、幽默、风趣，增加讲解的吸引力和感染力，才能使游客感到有意思。

二、针对不同对象讲解风格的选择技巧

不同对象讲解风格选择技巧如表 5-1 所示。

表 5-1　不同对象讲解风格选择技巧

类型	通俗风格讲解	典雅风格讲解
游客背景特点	普通游客	具有较高的知识文化背景的游客
讲解语言特点	1. 多用口语词、通用词语 2. 多用短句，不用或较少用长句 3. 使用口语句式 4. 使用语气词	1. 较多使用书面语、文言文词语 2. 使用文言文句式 3. 引用对联、古诗文 4. 较多使用关联词
对讲解员的要求	1. 比起通俗讲解，典雅风格对讲解员要求较高，讲解员必须具备一定的文学修养 2. 典雅风格导游词多使用书面词语及文言句式，讲解员解说有一定难度，而且需要花费更多时间和精力来做事前准备	

任务实施

一、通俗风格的景点解说

活动目的

掌握通俗风格的口才表达。

活动要求

1. 本情景实训时应结合导游业务技能课程所学。
2. 需要学生多加操练，达到脱稿讲解的水平。
3. 面对普通游客做通俗讲解。
4. 要求普通话标准、口齿清晰、声音洪亮。

活动步骤

1. 小组合作学习，每组不超过 4 人，组内展示、互评。
2. 教师对组内学生进行考核，评定成绩。

活动内容

1. 读例文，思考段落后提出的问题并回答。
2. 模拟情景，解说景点天安门广场。

总说部分——天安门广场简介

各位朋友，现在呢，我们来到了天安门广场，我先为大家作一个简单的介绍，天安门广场是目前世界上最大的城市中心广场，它位于北京市区的中心。天安门广场呈长方形，南北长 880 米，东西宽 500 米，总面积 44 万平方米。如果人们肩并肩地站在广场上，整个广场可容纳 100 万人，就是说全北京总人口的 1/13 都可以同时站在这里，够大吧！

在明清时期广场可没有这么大，当时它呈"T"字形，"T"字的那一横就是我们今天的长安街，那一竖就是从现在的国旗杆前至毛主席纪念堂前的这一长条形区域，在这一区域的两侧是按文东武西的格局分布着当时的政府机关。新中国成立后，原来广场两侧的建筑被拆除，从而形成了今天广场的基本格局。

在天安门广场的四周，有很多著名的建筑。整个大会堂由三部分组成，南部为人大常委会办公楼，中部为万人大会堂，北端是国宴大厅，整座建筑自设计到完工只用了 10 个月，是我国建筑史上的一个奇迹。

在广场的北端是大家都很熟悉的天安门城楼，它是新中国的象征。就是在天安门城楼上，1949 年 10 月 1 日毛主席向全世界人民庄严宣告："中华人民共和国成立了！中国人民从此站起来了！"

广场的东侧耸立着中国历史博物馆及中国革命博物馆，完工于 1959 年，那里是收藏并展览中国古代、近代历史文物及革命文物的主要场所。

在人民英雄纪念碑的南面是毛主席纪念堂，原来在那里曾有一座门，明代叫大明门，清代叫大清门，民国时又改为中华门，新中国成立后拆除，1976 年毛主席逝世后在其基址上建起了庄严肃穆的毛主席纪念堂。纪念堂建成于 1977 年，是为纪念伟大领袖毛主席而建，现在毛主席的遗体安然地躺在水晶棺中，供人们凭吊、瞻仰、表达深深的敬意。

广场的正中，巍巍耸立着中国第一碑——人民英雄纪念碑，它是为了纪念那些 1840 年鸦片战争至 1949 年中华人民共和国成立这一百多年来为中华民族的独立及自由而抛头颅、洒热血的人民英雄们而建。整座纪念碑高 37.94 米，坐落在双层基座之上，碑座四周镶嵌有八幅汉白玉浮雕，反映了中国近百年革命历史。纪念碑的背面是毛主席起草的，周总理手书的碑文，正面是毛主席亲笔题写的"人民英雄永垂不朽"八个镏金大字。

天安门广场是中国近代革命的见证人，反帝反封建的<u>五四运动、"三·一八"惨案、"一二·九"运动</u>都发生在这里。天安门广场也是新中国诞生的见证人，更是今天人民幸福生活的见证人。现在，它已被全国人民评为"中国第一景"，每天都有来自海内外的朋友们到此处参观游览。

好！不多说啦！各位一定想在这里照几张相吧？现在就请各位自由拍照，10 分钟后我们在<u>北面国旗杆处</u>集合，谢谢大家！

💡 **想一想**

(1) 例文中讲解了哪些内容？
(2) 例文中加横线文字的作用是什么？

✏️ **做一做**

天安门简介内容以客观陈述为主，请练习讲解。
要求：客观准确、条理清晰；普通话标准，声音洪亮。

分说、详说部分——天安门广场升旗仪式

各位朋友，我们现在正在国旗杆前，<u>大家知道吗？</u>自 1991 年 5 月 1 日起，这里每天都有升降旗的仪式，<u>那么升旗时间是根据什么而定的呢？哪位朋友知道？</u>其实升旗时间是以我国东海太阳自海平面升起的时间为准。每天早晨，伴随着雄壮的国歌，在国旗护卫队的护卫下，升旗手将国旗冉冉升起，升旗时间为 2 分零 7 秒。

每当建军节、国庆节及每月 1 日、11 日、21 日，升旗现场都有军乐队伴奏，国旗护卫队官兵共 96 人，象征捍卫祖国 960 万平方公里的土地。

这里是在天安门前留影的最佳地点，请各位拍下这难忘的一刻，待会儿我再给各位讲讲天安门。

💡 **想一想**

文中加横线部分文字，为什么使用问句？在讲解中有什么表达作用？

天安门城楼

天安门是新中国的象征，它位于天安门广场北端，始建于 500 多年前的明代，当时它并不叫天安门，而叫承天门，取"承天启运、受命于天"之意。当年规模也很小，明末毁于战火。清顺治年间，即公元 1651 年重建后，才有了今天的规模，且改名为"天安门"，取"受命于天，安邦治国"之意。

在清明天安门是举行"金凤颁诏"的地方。所谓金凤颁诏，即皇帝下圣旨后，由专人在天安门城楼上把圣旨放在一个木制"金凤"的口中，然后从城楼正中垛口用黄丝带将"金凤"放下，城楼下有人以用云朵装饰的漆盘接旨，送到礼部抄写后告示天下。

也是天安门城楼上，1949 年 10 月 1 日下午 3 点，毛泽东主席向全世界庄严宣告了中华人民共和国的成立，那是全中国人民期盼已久的日子，随着国歌的奏响，随着五星红旗的升起，中国人民从此站起来了。

天安门城楼高 33.7 米，建筑等级很高，这从城楼的殿顶形式、彩绘等处都能表现出来，处处显示着当年皇家的威严，城楼开五个门洞，正中门洞上悬挂着毛主席的巨幅油画像。在天安门城楼前对着五个门洞有五座汉白玉石桥，叫做金水桥。正中最宽广的一座名为御路桥，供皇帝出入专用；其东西两侧的两座桥为皇族桥，就是专供皇亲国戚通行的桥；再两侧的石桥为品级桥，凡三品以上大臣才可通过。小官、杂役怎么办？对不起，那年代官大一级压死人，官小一级跑断腿，小官小吏只能跑跑腿，从当年东侧太庙及西侧社稷坛旁的两座小石桥通过金水河再到大内。

除金水桥外，天安门前陈设石狮两对，它们像卫士一样威严守卫着天安门，除此之外还有一对像石柱一样的陈设物，大家知道它们叫什么名字，是做什么用的吗？对了，它们的名字叫华表。现在我们从地下通道过马路，过一会儿我给大家讲一讲华表的历史。

💡 想一想

请勾画"天安门城楼"讲解中的问句，并说一说它们在讲解中表达的作用。

华　　表

各位请看，这就是华表。最早的华表出现在尧舜时期，是木制的，当时称其为"诽谤木"。哎！各位别误会，当时的"诽谤"不是诬陷别人的意思，而是"纳谏"的意思，即为了征求民众的意见而设于路边的木桩，人们可以在木桩中写下自己对当权者的意见及建议，以示"参政"。华表在当时又被称为"表木"，即我们今天的路标，用以给人们提示方向。到了秦汉，"诽谤木"还在，但再没有人敢"诽谤"当权者了，它的质地从木制变成石制，位置也从路旁搬到了帝王宫殿的门口。后来，"诽谤木"便成了当时帝王们显示权力的特殊陈设品，用以标榜自己有尧舜之贤、广纳民意。之后又将"诽谤木"更名为华表，并用云龙纹装饰柱身，上插云板，用以"华"饰宫殿之外"表"。在华表的顶端，坐着一对像龙一样的小动物，名字叫"犼"，生来就喜欢登高望远，据说这小动物很灵异，能提醒帝王们勤政。大家也许要问，犼是怎么提醒帝王们勤政的呢？先别急！请大家记住天安门前这两只"犼"面朝的方向，我们马上去寻找答案。

好啦！各位，这便是答案了。请看，在天安门后也有两只华表，可华表上的"犼"可不再往南（外）看，而是往北（里）。

为什么呢？因为这里的犼名叫"望君出"，意思是提醒皇帝不要沉迷于花天酒地、醉生梦死的生活，要走出深宫，去体察民情，希"望"国"君""出"去看一看。天安门前那一对犼叫"盼君归"，意思是提醒皇帝不要在外面留恋青山秀水，不思国事，"盼"望国"君"早日"归"政。

现在大家知道犼是怎么提醒皇帝们勤政了吧？但这只不过是人民美好的愿望，真的皇帝是怎么生活的呢？那就让我们去皇帝的家——紫禁城去串个门儿吧。

想一想

(1)讲解华表时，用了哪些问句？
(2)讲了什么故事？
(3)找出所有的语气词(如"吧")，说说它们的表达作用。
(4)这段讲解有哪些值得模仿的好方法？

做一做

情景模拟，向游客介绍华表。要求能够面对普通游客使用口语句子和口语词，并能在每一个问句之后，恰当停顿，突出各个问句的表达作用。

二、典雅风格的景点解说

活动目的

掌握典雅风格的口才表达。

活动要求

1. 本情景实训时应结合导游业务技能课程所学。
2. 教师课前布置任务，学生查询工具书，识读解说词原稿的难字词。
3. 学生多加操练，达到脱稿讲解的要求。
4. 面对文化层次比较高的游客做典雅风格讲解。
5. 要求普通话标准、口齿清晰、声音洪亮。

活动步骤

1. 小组合作学习，每组不超过3人，组内展示、互评。
2. 教师对组内学生考核评定成绩。

活动内容

1. 读例文，思考提出的问题并回答。
2. 根据例文，模拟情景，解说兰亭景点。

想一想

(1)在第二段中找出游客文化背景的句子。
(2)在文中勾画引用文献的句子(如"因右军禊会")。

(3) 在文中勾画庄重典雅的书面词语（如"巍峨宏丽""画栋雕梁"）。

(4) 文中使用了哪些问句？说说它们的表达作用。

我们从禹陵来到了兰亭，刚刚瞻仰过巍峨宏丽、画栋雕梁的殿宇，再见到曲水弯环、幽兰修竹的兰亭，顿觉耳目一新。真是"竹风随地畅，兰气向人清"。好一派山林野趣！兰亭位于绍兴东南约15千米处的兰渚山麓、兰溪江畔。据《越绝书》记载："勾践种兰渚田"，小洲因此得名"兰渚"，附近的山水亭台也都由此得名：兰渚山、兰溪、兰亭。如今，兰亭已是游者云集的天下名胜，然而最初的兰亭可能只是如邮铺似的小型建筑物。清代于敏中在《浙程备览》中说："或云兰亭，非右军始，旧有兰亭，即亭堠之亭，如邮铺相似，因右军禊会，名遂著于天下。"如此看来，兰亭是从右军（王羲之）等人在此地做修禊活动后，才"著于天下"，进而成为天下名胜的。

游客们，你们当中有来自松花江畔的老书法家，有海南椰林来旅游的女大学生。恰巧，日本北海道教育界书法代表团也来到了兰亭，有为学书而来，有为瞻仰而至，天南海北，男女老少都欢聚在兰亭。

古兰亭在绍兴县（现绍兴市）西南兰渚山，"此地有崇山峻岭，茂林修竹，又有清流急湍，映带左右"，东晋时著名书法家王羲之于永和九年三月上旬巳日邀谢安、孙绰等到水边嬉游，以消除不祥，叫做"修禊"，引曲水以流觞，吟诗饮酒，诗文成集，他书写了闻名中外的《兰亭集序》。从此兰亭成了我国书法史上的一处胜地。

《兰亭集序》言简意赅。日本朋友，你们不解什么是"引曲水以流觞"吗？好，恕我不直接回答，请随我到"曲水流觞亭"前，亭处荷抱之中，面阔三间，单檐歇山，四面围廊，亭内悬"曲水邀欢处"匾额，下挂兰亭修禊图一轴。这是扇面形兼工代写的人物山水画，用笔工正，设色淡雅，记载着当时修禊的盛况，画中王羲之等42人散处在一弯曲水之旁，或坐或卧，或饮或吟，有的正铺笔撰写，有的却拈须沉思，有趣的是那曲水中，一个个酒杯由荷叶托着顺流缓缓而下，杯停之处便是杯旁文人吟唱之时，枯墨者就要把觥饮酒，不剩点滴。

大家请看，这里顺小溪流筑成曲池，沿池布叠黄山石，凹凸相间，起伏有致，虽是人工所为，却有自然之势。刚才大家问我什么叫"修禊"，"修禊"是古代的一种风俗。农历三月三日，人们到水边采兰，用兰草蘸水洒在身上，以驱除不祥。晋穆帝永和九年春，王羲之等42人相聚于兰亭，举行了大规模的修禊仪式。参与这次盛会的大多是天下名士，其中有司徒谢安，玄言诗人孙绰，高僧支遁，还有谢万、徐丰之、孙统、桓伟、王彬之、王肃之、王徽之、王蕴之、王玄之、王献之等。

江南三月，往往阴雨连绵，可这一天日暖风和，天气格外晴朗，四周山峦如绿色屏障，兰溪似白练，穿过青青翠竹生长的山水之间，景色迷人。聚集此地的大多是天下名流，士族豪门子弟，他们都有很高的文化修养。难得相聚，令人欢欣。况逢如此天色，如此美景，人们的兴致都特别高。他们在水边做完修禊仪式，便依次列坐在蜿蜒曲折的兰溪两岸，让书童把斟满酒的羽觞放在溪流之上，让其顺流而下，停在谁的面前，谁就得取而饮之，饮罢，还要即席赋诗，每人至少一首，做不成，要罚酒三斗。42人中，11人成诗二首，15人成诗一首，16人做不成诗，各被罚酒三斗。

他们把诗收集起来，公推王羲之作序。王羲之乘兴即席挥洒（据说用的是蚕茧纸，鼠须笔),写下了被称为"天下第一行书"的《兰亭集序》。这篇序文叙写山水嬉游之乐,境界清新疏朗,笔调简洁明快,抒发感情深沉动人,富于浓厚的哲理韵味,是一篇融情、景、理于一炉的极优秀的散文作品,尤其是该文书法风格如行云流水,姿态横生,字字珠玑,字里行间流荡着一派自然活泼的生机,具有无与伦比的艺术魅力,成为书法艺术上登峰造极之作,是历代学书者的典范之作。原书影响太大,时人纷纷临摹,尤其是唐人临摹已成风气,可贵的是,临摹不仅努力吸取原作的精髓,同时也掺杂进自己的个性,这就形成了风格各异的兰亭序。其中以"冯承素摹本"与真迹最为接近,久负盛名,有"神龙本"之誉。

好!好极了,杯子首先在老书法家面前停住了,我们希望他讲一段古,感谢他兴之所至,毫不推辞,大家听他讲古。

"据说,山阴地方一位老道,想求王羲之写一本'黄庭经',他知道王羲之喜欢白鹅,于是就特地养了一群逗人喜爱的白鹅,王羲之路过,见白鹅羽毛白净,形态优美,不由得驻足不前,进而要求买鹅,道士说:'钱我不要,只要你写本《黄庭经》。'羲之欣然答应,笔走龙蛇,不过半日,经成搁笔,道士已把群鹅用笼子装好。这就是'书成换白鹅'的故事。"

感谢老先生,我也想见识了,兰亭特别建有鹅池,尤其引人注目的是鹅池碑亭上刻的"鹅池"二字,传说这二字出自王羲之和王献之父子二人的手笔。一天,王羲之题写"鹅池"二字匾额,刚写完"鹅"字,忽闻圣旨到了,遂搁笔迎旨。颇以书学自负的王献之趁父亲离去之际,挥笔补上"池"字。父子二人,笔试神采迥然不同,却珠联璧合,别有一番妙趣。王羲之为何特别喜欢鹅呢?是喜欢白鹅的洁白无瑕,还是欣赏它的潇洒飘逸?都不是,谁知道?(日本姑娘说)"羲之执笔时,使食指如鹅头那样昂扬微曲,运笔时像鹅的两掌齐力拨水,原来羲之爱鹅,完全是为了研究运笔,执笔。"

这话提醒了我,我不禁想起清代有名的书法家包世臣的一首绝句:

全身精力到毫端,
定台先将两足安。
悟入鹅群行水势,
方知五指用力难。

事情就是这样,当酒杯在曲水中流淌时,大家开始都怕杯子在自己身旁停下,每每杯子未到,人却下意识地惊躲在同伴身后,感谢老书法家开了头,也感谢日本姑娘的侃侃而谈,现在气氛便逐渐活跃起来了……好,他讲得好,墨池水边,羲之父子曾将一池水蘸干,金鲤鱼曾吐出金色的泡沫;他也说得巧,题扇桥旁,羲之倾听卖扇老妪吁诉饥寒,于是磨墨挥毫,为老妪点染扇面;大家都是有感而发,有人赞颂王羲之的书法"龙跳天门,虎卧凤阁";有人遗憾唐太宗把《兰亭集序》作为葬品,手迹从此失传……

听着这一个个美丽的传说,再回想刚刚看过的鹅池、墨池、墨华亭等形制特殊的建筑,我们大家的游兴是不是更浓了?

做一做

(1) 模拟情景,向游客介绍兰亭。
(2) 比较"天安门广场"和"兰亭"两篇讲解,并找出两类风格解说的共同之处。

(3) 领悟不同风格讲解都需要用问句、故事、典故等来吸引游客关注你讲的内容,激发游客的游兴。

(4) 将兰亭景点讲解改写成通俗语体风格,并根据修改文,模拟情景,进行景点讲解。

任务拓展

天安门升旗仪式

天安门升旗仪式为北京市旅游委指定旅游项目。1949年10月1日,毛泽东亲自按下电钮升起了第一面五星红旗。1990年10月1日,《国旗法》颁布,要求升国旗时必须奏国歌,让升旗仪式更加庄严隆重。从2004年6月1日起,天安门国旗护卫队每月逢"1"的3次大升旗的勤务改成每月1日进行大升旗,36名国旗护卫队员和62名武警军乐团队员和以往大升旗一样,现场演奏三遍国歌。升旗时间视具体日出时间而定,一般为早上5:00—7:00。

兰亭书法节

节庆时间:农历三月初三。

节庆地点:兰亭。

节庆特色:1984年1月,绍兴市人大常委会决定,每年农历三月初三举办中国兰亭书法节。届时,海内外书坛名家雅集兰亭,研讨书学,泼墨挥毫,流觞赋诗,盛况非凡。

书法节主要活动包括:晋圣、修禊、曲水流觞、书法展览等。

任务二　讲解者风格

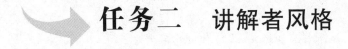

现代技术发达,人们获得信息最方便快捷的方式便是用搜索引擎在网络上查找、下载。讲解员中绝大部分是年轻人,能够灵活运用现代信息技术,具备搜寻网络即时信息的能力。如果讲解员满足于背诵现成的导游词,没有自己对解说词的深加工,或者不区分游客,用一成不变的导游词,"吃现成饭""百病一方",就不可能成为一名优秀的讲解员。这就需要在现有导游词基础上,根据每个旅游团的不同情况随时变更,根据自己的导游风格调整文辞,使自己的讲解独具风格。

任务剖析

讲解风格是讲解员在讲解活动中所体现的个性化特征，它是讲解员在多年讲解实践中结合自身特点，通过不断探索、总结、修正，最终形成的独特的讲解理念、讲解技巧和讲解作风。它是讲解员生活经验、能力性格、年龄资历、文化修养、思维方式、审美情趣等在讲解创作中的综合体现，是讲解员内在素质的流露。

讲解者风格的形成是受个人个性心理特征、生理特征以及个人外部条件，诸如学识、受教育程度、家庭出身、生活经验和社会阅历等因素影响，它们决定个体内部知识水平、能力水平、气质类型和性格特征，从而使他们拥有不同的感受力、领悟力和表现力，并反映在讲解活动的过程中。

一、讲解者风格的独特性

讲解者讲解的独特性不是依靠外表形象来体现的，而是依靠个性气质、创造性思维、自身积累以及个性化的语言表达形成的，个性鲜明的讲解风格是讲解员的魅力所在。

（一）独特的个性气质

个性气质是一个人外在和内涵的综合体现，是一切行为的生理和心理的基础，一旦形成便具有一定的稳定性。不同的讲解员在讲解过程中体现不同的个性气质，他们有的深沉严谨，有的亲切大方，有的温婉随和，有的幽默诙谐，有的沉稳内敛……

（二）创造性思维

讲解工作是一种语言表达的创造，讲解不可照本宣科、一成不变地按照书上的讲解词来讲，而应具有一定的创造性思维，在现场解说时，讲解员应针对不同的对象采用多样的讲解员方法和技巧，真正做到"因人施讲"，在客观准确的基础上，探索新的表现形式，使讲解充满新意、活力和独特魅力。

（三）自身积累

讲解是以陈列为基础，运用科学语言和其他辅助表达方式，将知识传递给观众的一种社会活动，是只适合语言的高度综合艺术，综合了教师、播音、演讲、话剧、表演等专业的技术手段，是专业性、知识性和艺术性的综合。讲解员能够有出色的表现，需要进行多方面的积累，主要有生活积累、工作实践经验的积累和知识的积累提升。

（四）个性化语言表达

语言的音量、音色、气势节奏、语法及词汇的选择都会使个人语言风格不尽相同，除此之外,讲解员的面部表情、手势、体态举止等"态势语言"也能体现个性化的语言表达。

二、讲解者风格的多样性

讲解风格的多样性主要是由地域文化差异、展览主题差异和讲解员身心发展个别差异导致的。

(一)地域文化差异

不同的地域,其人文环境对讲解员的讲解风格产生重要的影响,使其讲解带浓厚的地方特色。

(二)展览主题差异

展览主题不同,讲解员则需要根据其类别做相应调整,历史文艺类需体现文化遗存的自豪感和艺术美感;民俗类则体现该地区、该民族文化的独特色彩等等。

(三)讲解员身心发展个别差异

讲解员个人对讲解的感知、经验和经历会使其在讲解过程中表现出自己的讲解特色。

三、凸显讲解者风格的导游词撰写技巧

(一)以游客为主体地位精选导游词内容

导游词内容应该紧紧围绕游客急于求知的内容,通常游客最想要了解该旅游地的历史文化、风土人情、民俗民风等等,在带团之前,讲解员应该事先收集整理好本团旅游者渴望知道的内容,再精选导游词内容。

在同一旅游团中,游客的年龄、性别、兴趣爱好、职业、层次和素养等都不尽相同,讲解员不可能全部满足所有的需求,这就需要讲解员选择一些"大众化"热点话题,既可以是百姓生活点滴,也可以是诸如建筑、宗教、民间曲艺等方面的小专题,这些话题总能适合于旅游团中的大部分游客。除此之外,还需要准备一些"专业化"热点话题,这样才能考虑到游客实际需要,因人而异选取热点话题。

(二)主题突出,凸显文化底蕴

1. 主题突出

导游词要中心明确,主体突出。以一根主线贯穿始终,从而给游客一个鲜明印象。

2. 凸显文化底蕴

讲解员要善于挖掘景区丰富的文化内涵,讲深讲透,而不是浮于表面。
(1)从审美角度欣赏景物,发掘景点文化内涵。

(2) 对人文景观从历史背景、地位、特色进行分析。
(3) 对自然景观既要进行描述性介绍，还要进行地理特色、科学成因的理性介绍。

（三）紧跟时代，抒发积极向上情感

讲解员通过讲解让游客感受旅游地的时代气息，政治性较强的内容要紧随时代发展而不断更新，做到实事求是，与时俱进。讲解词的字里行间，应该体现讲解员积极向上的情感，通过讲解员对景物、风情的介绍，使旅游者感同身受，潜移默化中激发对国家及地方文化的认同和热爱。这就需要导游词的内容紧跟时代，言辞充满激情。

（四）讲究实用性，逻辑清晰

为了具有实用性，景点讲解词多按照游览顺序展开叙述，因此合理、科学设计游览路线尤为重要。
(1) 根据景点类型和特点设计路线。
(2) 设计便捷、合理、少走弯路。
(3) 引导游客移步换景、层层深入观赏景物。
(4) 根据游客不同情况和不同需要设计不同的线路。

比如，中国传统城池、宫殿、寺庙等建筑景观中常常选择中轴线作为主线，主要建筑依据中轴线对称设置，所以依据中轴线的延伸顺序展开，是景点讲解词中最常见的叙述逻辑。

（五）语言通俗易懂、生动形象

1. 口语化、通俗化

讲解员靠有声语言向游客传达信息，游客在无任何文字凭据的情况下，借助空气对声波的传递，通过听觉接收讲解员讲解的内容，这种口耳传递信息的方式决定了导游词必须口语化、通俗化。这就需要讲解员做到以下几点。
(1) 多用口语词，多用陈述句式、交谈式语句。
(2) 少用专业术语和书面语言。
(3) 不用晦涩难懂的词语。
(4) 不用拗口的词语，不用一连串的同音词。
(5) 适当解释有些景点重要的专业术语或文物的名称。
(6) 在句式方面，要尽量使用结构简单、易懂易记的短句，避免使用结构复杂、句子成分很多、中心语不突出的冗长句式。
(7) 尽量把要讲解的新信息词放在主语位置，使游客能够抓住重点。

2. 生动形象

为了达到生动形象的讲解效果，讲解员要善用形象化的语言和多种修辞手法，以下是常用的修辞手法。
(1) 比喻。
以熟悉的事物比喻陌生的事物，可以使导游讲解化平淡为生动，化深奥为浅显，化抽象

为具体,化冗长为简洁。"我们看到的这条长廊又像一条画廊,共绘有大小不同的苏式彩画1.4万余幅。内容包括草木花卉、人物故事、山水风景等。其中人物画面大多出自我国古典文学名著,如《红楼梦》《西游记》《三国演义》《水浒传》《封神演义》《聊斋》等,画师们将中华民族数千年的历史文化浓缩在这长长的廊子上。"(颐和园)

(2) 排比。

将意思密切相关,语气一致的句子或词组,排成一串,既朗朗上口,又一气呵成;既表达了强烈的感情,又增强了语言的感染力。"在栈桥上面走一走,中山公园看一看,太清宫里瞧一瞧,石老人前转一转,五四广场逛一逛,龙潭瀑下站一站,再走一走,看一看,瞧一瞧,转一转,逛一逛……"(青岛)

(3) 夸张。

讲解合理使用夸张,可以烘托讲解气氛,加深游览印象,引发游客联想。"吴师傅前不久出了一次交通事故,轧死了三只闯红灯的蚂蚁,为此吴师傅难过了一宿……吴师傅稳坐如钟,目光如电(比喻),手端方向盘,左脚踩离合,右手一挂挡,啪啪啪油门子连点三下,风驰电擎,直奔下一站。"(褒扬旅游车司机)

(4) 对比。

对比可以充分揭示出事物的本质和形象,使主题更加鲜明。如南京夫子庙的导游词中,作者巧妙地将夫子庙悠久的文化学术氛围和热闹的商业文明进行对比,突出了其"庙市合一"的独特景观和富有地方特色的秦淮文化。

(5) 引用。

在导游讲解中引用史料文献、名人名言、古今中外典故、诗词歌赋、谚语、成语等,用以说明问题,增强说服力、强化讲解效果。"两个黄鹂鸣翠柳,一片孤城万仞山,独在异乡为异客,夜半钟声到客船,天生我才必有用,相见时难别亦难,要问此诗谁人做,不是别人正是咱!我是××导游……"——不仅引用诗句,还用了仿拟的修辞手法。

(6) 幽默。

幽默风趣的语言如果运用得当,能对活跃气氛、提高游兴起到很好的润滑剂的作用。"现在都喊:顾客是上帝!过去可不是这样讲,过去说衣食父母,演员的衣食父母是看客,司机的衣食父母是乘客,饭店的衣食父母是吃客,……呃,导游的衣食父母是——(众人一起)游客!所以请允许小鹏我尊称各位一声'客官!'。"

此处特别提醒讲解员:避免滥用幽默。幽默运用不当也会影响导游员形象,使游客感到讲解员低级趣味、品位不高。

任务实施

公元759年的冬天,河南人杜甫为了躲避安史之乱,带着老婆孩子,举家迁往成都,他看中成都的风光如画和远离战乱,于是打算在成都西郊的浣花溪畔修建几间茅屋暂时住住,称它为成都草堂。杜甫在成都居住了近四年,相比四处漂泊的日子,这四年的安宁生活对于诗人杜甫来说是弥足珍贵的。在简陋的草堂故居,杜甫写下了两百多首不朽的名篇,其中《茅屋为秋风所破歌》《春夜喜雨》《客至》这些名篇至今被人们传唱。杜甫离开成都之后,草堂便慢慢荒芜,直至不存。今天我们常常说的杜甫草堂博物馆,实际上是后来多次修复而成的,其中规模最大的两次重修,是在明朝弘治十三年和清朝嘉庆十六年,这几次的重修,逐渐奠定了草堂的规模和布局,使之演变成一处纪念杜甫的场所。

如果你们是讲解员,你们将带领游客体验怎样的草堂之旅呢?

活动目的

灵活运用本任务中所学的讲解技巧和方法。

活动要求

1. 教师课前布置任务,学生查阅相关资料并整理出符合团队游览要求的讲解内容。
2. 学生根据团队游览要求选择景区的某一景点进行脱稿模拟讲解。
3. 普通话标准、口齿清晰、音量与语速适中、语调要抑扬顿挫。
4. 在讲解中要用到2—3种讲解方法和技巧。
5. 结合导游实务技能知识。
6. 全员参与,小组合作完成。

活动步骤

1. 小组分工,分配任务。
2. 了解游客需求。
3. 了解景区,收集资料。
4. 结合游客需求和景区人文地理资源选择游览点,撰写讲解词,并进行讲解练习准备。
5. 小组合作完成一次模拟讲解接待任务。

活动评价

对小组活动进行评价(见表5-2)。

表5-2 评价表

评价项目	自我评定	同学评定	老师评定
团队协作意识(2分)			
创新创意能力(1分)			
讲解技能技巧(6分)			
总体印象(1分)			
总评得分			

任务拓展

"人日游草堂"活动

"人日"又称"人胜节",是全国性的节日,于每年的正月初七举行。据《北齐书·魏收传》记载,魏收引用晋人董勋《答问礼俗》云:"正月初一为鸡,初二为狗,初三为猪,初四为羊,初五为牛,初六为马,七日为人。"

"人日"自汉代以来已成为年俗的重要活动。唐肃宗上元二年(公元761年)正月初七"人日"这天,时任蜀州刺史的高适给身居成都草堂的杜甫写了一首《人日寄杜二拾遗》,数年后,杜甫漂泊于湖湘重读此诗,而高适早已亡故,杜甫感世伤怀,写下了《追酬故高蜀州人日见寄并序》以寄托哀思。从此,高杜二人的友谊及其唱和的故事便传为诗坛佳话,并成为"人日游草堂"(见图5-1)民俗活动的起源,对后代的文人墨客产生了很深远的影响。

图5-1 人日游草堂

中华人民共和国成立后,"人日游草堂"之俗渐被冷落和遗忘,但每年"人日"这天,仍有成都部分文人和市民自发相聚草堂吟诗绘画、赏梅迎春,以传承这一成都所独有的民俗文化活动。《四川民俗大观》也记载:"成都游庙有一定日期,如初一多游武侯祠、丁公祠、望江楼等,初七游草堂……游庙中最有名的是'人日游草堂'。"1992年,在文化界人士和普通民众的建议下,成都杜甫草堂博物馆为弘扬民族优秀的传统文化,首倡恢复"人日游草堂"的活动,至今已举办了二十二届,并于2009年起成功恢复了祭拜诗圣杜甫仪式。"人日游草堂"民俗活动日渐深入人心,越来越受到世人的关注和喜爱,逐渐成为弘扬诗圣精神,歌颂友谊,倡导和谐,弘扬优秀文化的重要特色文化活动。

项目小结

在据实讲解的基础上,学会通俗与典雅两种风格的讲解,在实践中能够根据游客的不同类型进行不同风格的讲解,并结合自己的个性特点形成具有个人特色的讲解风格。

项目训练

一、知识训练

1. 水平高的游客讲得深一些,一般游客则要讲得通俗易懂,体现了(　　)。
A. 了解游客动机和目的　B. 了解游客层次　C. 了解游客地域　D. 因地制宜

2. 最佳观赏点会因季节不同而各异,需要讲解员(　　)讲解。
A. 有计划　B. 有针对性　C. 灵活性　D. 风趣幽默

3. 针对不同类型游客,有(　　)讲解技巧。
A. 针对性讲解　B. 有计划讲解　C. 灵活讲解　D. 幽默讲解

4. 讲解员因人而异进行讲解,需要(　　)。
A. 了解游客动机　B. 了解游客层次　C. 了解游客地域　D. 了解游客目的

二、能力训练

实训一　通俗风格的景点解说

实训目的:掌握通俗风格的口才表达。

实训要求:

1. 本情景实训时应结合导游业务技能课程所学。
2. 需要学生多加操练,达到脱稿讲解的要求。
3. 面对普通游客做通俗讲解。
4. 要求普通话标准、口齿清晰、声音洪亮。

实训步骤:

1. 小组合作学习,每组不超过 4 人,组内展示、互评。
2. 教师对组内学生考核评定成绩。

实训内容:

模拟情景,解说太阳神鸟。

说到中国文化遗产的标志——太阳神鸟,大家都不会陌生,四鸟环日非常具有视觉效果,给人留下深刻的印象。值得一提的是,太阳神鸟的原型就是金沙出土的太阳火神鸟。同时它还是金沙博物馆的镇馆之宝和成都市的市标。

当您初次见到太阳神鸟的时候,您可能无法想象它是如此之小,如此之薄。太阳神鸟外部直径12.5厘米,内部直径5.29厘米,厚度仅为0.02厘米,相当于一根头发丝的厚度,重量只有20克。不过它的含金量相当高,达到了22K。

古蜀人很早就对太阳神鸟和太阳神有崇拜,在《山海经》中也记载着"使四鸟"和"金乌负日"的神话传说。金沙人是以靠天吃饭的农耕业为主,他们认为太阳是一种高高在上的神灵,赐予了万物的生长,给他们提供了食物。但却无法理解太阳没有翅膀,是如何停留在空中,又是如何东升西落的。

在日常的生活观察中,勤劳的金沙人发现鸟能在空中自由飞翔,所以他们认为是神鸟带动太阳东升西落,于是就有了太阳神鸟这一杰作。

　　金沙遗址出土的神鸟金饰,外层为逆向飞行的4只火鸟,内侧是十二道光芒。大家仔细看内侧的12道光芒,既像一道道火苗,又像一轮轮弯月,还像一根根象牙。

　　这也就不难看出,在金沙为什么会出土如此多的象牙了。

　　这里的4与12并不是数字的巧合,它们都有着特定的含义。外层4只飞鸟象征着春夏秋冬四季的轮回,内层的12道光芒代表了一年十二个月的周而复始。这样一来,神话传说又被赋予了历法科学的含义。

实训二　典雅风格的景点解说

实训目的:掌握典雅风格的口才表达。

实训要求:

1. 本情景实训时应结合导游业务技能课程所学。
2. 教师课前布置任务,学生查询工具书,识读解说词原稿的难字词。
3. 学生多加操练,达到脱稿讲解的要求。
4. 面对文化层次比较高的游客做典雅风格讲解。
5. 要求普通话标准、口齿清晰、声音洪亮。

实训步骤:

1. 小组合作学习,每组不超过3人,组内展示、互评。
2. 教师对组内学生考核评定成绩。

实训内容:

根据下文,模拟情景,解说景点。

（1）在讲解中对词句做适当调整。

（2）增加问句,吸引游客注意力,使讲解具有悬念、趣味。

　　峨眉山是普贤菩萨的道场,金顶之上的这尊十方普贤圣像可以说就是峨眉山的名片。每个到峨眉山来的游人,只要上到金顶,目光就会被这尊金光耀眼的圣像吸引,然后在圣像前虔诚地许下自己的心愿。这尊高达48米的十方普贤菩萨圣像,是世界上最大、最高的十方普贤像金佛。同时48这个数字也是代表阿弥陀佛的48个愿望。

　　佛像下方是须弥座,上面立着六牙吉象,大象背上第一层是普贤菩萨的四方头像和两面身,第二层是普贤菩萨的另外四方头像,最高层为前后两方的普贤菩萨头像。站在圣像脚下仰望,眉慈目善,妙像庄严的普贤菩萨能让人瞬间平静,净心祈福。

　　这尊普贤圣像共有十个头像,共分为三层,神态各异。同时佛像中的这个"十"还有四层含义。一是意喻普贤的十大行愿。佛经中说,普贤菩萨在华严会上,广发十大愿行,以明菩萨发心,这十愿分别是:礼敬诸佛,称赞如来,广修供养,忏悔业障,随喜功德,请转法轮,请佛住世,常随佛学,恒顺众生,普皆回向。此十大愿望又被称为普贤愿海,代表一切菩萨的行愿。二是普贤的十个头像分别体现普贤十大行愿的内涵。三是代表佛教中的十个方位,意喻空间重重无尽。四是代表时间上的无穷尽。空间和时间上的无穷尽,既表明了普贤的十大行愿法力无边,又表明了只有修普贤行愿,才能圆满十方三世诸佛和芸芸众生。

　　这尊金佛设计完美,工艺流畅,堪称铜铸巨佛的旷世之作,颇具文化价值和观赏审美价值,是海峡两岸艺术家心灵的碰撞,智慧的结晶。

实训三　展现个人风格的景点讲解

实训目的:借助网络搜集信息,融合个人特点进行口才拓展。

实训要求:

1. 小组合作学习,每组不超过3人。
2. 学生通过互联网搜集资料并改写。
3. 要求普通话标准、口齿清晰、声音洪亮。

实训内容:

1. 网上搜索景点讲解的优秀片段。
2. 将视频转化为文档,并根据个人特点进行改写。
3. 情景模拟讲解,师生共评,最能突出个人特色的讲解为优。

参 考 文 献

[1] 曹菊枝,李虹,李啟金.景区讲解服务[M].长春:东北师范大学出版社,2015.
[2] 陈波,朱德勇.导游语言技巧[M].北京:旅游教育出版社,2017.
[3] 廖广莉.导游词创作和讲解技巧[M].天津:天津大学出版社,2019.
[4] 汪亚明.导游词编撰实务[M].北京:旅游教育出版社,2018.
[5] 柏莹.导游口才教程[M].北京:中国物资出版社,2012.
[6] 李如嘉.模拟导游[M].2版.北京:高等教育出版社,2009.
[7] 甘枝茂,马耀峰.旅游资源与开发[M].天津:南开大学出版社,2000.
[8] 江舸.基于旅游资源评价的导游词创作研究[M].北京:中国旅游出版社,2018.
[9] 宫庆伟.模拟导游[M].北京:高等教育出版社,2015.
[10] 成春梅.浅论讲解风格的独特性和多样性[J].大众文艺,2014(20).
[11] 王彦.讲解风格透析[J].中国博物馆,2001(3).

参考网站

https://baike.so.com/doc/2140460-2264757.html.

教学支持说明

中等职业教育旅游类示范院校"十四五"规划教材系华中科技大学出版社重点规划教材。

为了改善教学效果,提高教材的使用效率,满足授课教师的教学需求,本套教材备有与教材配套的教学课件(PPT电子教案)和拓展资源(案例库、习题库等)。

为保证本教学课件及相关教学资料仅为教材使用者所得,我们将向使用本套教材的授课教师和学生免费赠送教学课件或者相关教学资料,烦请授课教师和学生通过电话、邮件或者加入旅游专家俱乐部QQ群等方式与我们联系,获取"教学课件资源申请表"电子文档,并准确填写后发给我们,我们的联系方式如下:

地址:湖北省武汉市东湖新技术开发区华工科技园华工园六路

邮编:430223

电话:027-81321911

E-mail:lyzjjlb@163.com

旅游专家俱乐部QQ群号:1005665955

教学课件资源申请表

填表时间：_____年___月___日

以下内容请按实际情况写，以详尽、字迹清晰为盼，☆为必填项，如方便请惠赐名片！

☆教师姓名		☆性别	□男 □女	出生年月		☆职务		
						☆职称	□教授 □副教授 □讲师 □助教	
☆学校				☆院/系				
☆教研室				☆专业				
☆办公电话		家庭电话			☆移动电话			
☆E-mail（请清晰填写）					QQ			
☆联系地址					邮编			

☆现在主授课程情况		学生人数	教材所属出版社	教材满意度		
课程一				□满意	□一般	□不满意
课程二				□满意	□一般	□不满意
课程三				□满意	□一般	□不满意
其它				□满意	□一般	□不满意

教材或学术著作出版信息						
方向一		□准备写	□写作中	□已成稿	□已出版待修订	□有讲义
方向二		□准备写	□写作中	□已成稿	□已出版待修订	□有讲义
方向三		□准备写	□写作中	□已成稿	□已出版待修订	□有讲义

请教师认真填写表格下列内容，提供索取课件配套教材的相关信息，我社根据每位教师填表信息的完整性、授课情况与索取课件的相关性，以及教材使用的情况赠送教材的配套课件及相关教学资源。

ISBN（书号）	书名	作者	索取课件简要说明	学生人数（如选作教材）
7-5609-( )			□教学 □参考	
7-5609-( )			□教学 □参考	

您对配套课件的纸质教材的意见和建议：